Le Futur Post-Covid Exposé !

Le Grand Réinitialisation, Reconstruire Mieux et
l'Effondrement Économique Total
-
Agenda 2021 - 2030 - Contrôle de la population -
Avenir Globaliste ?

Rebel Press Media

Avis de non-responsabilité

Nos autres livres

Consultez nos autres livres pour découvrir d'autres informations inédites, des faits exposés et des vérités démystifiées, et bien plus encore.

Rejoignez le cercle exclusif des médias de Rebel Press !

Chaque vendredi, vous recevrez dans votre boîte de réception de nouvelles informations sur la réalité non rapportée.

Inscrivez-vous ici dès aujourd'hui :

https://campsite.bio/rebelpressmedia

Introduction

" L'Autorité cherche à passer un accord-cadre pour le stockage temporaire des corps en cas de situation d'excès de décès pour les 32 arrondissements de Londres et la ville de Londres, dirigée par le conseil municipal de Westminster. L'accord-cadre désignera un seul prestataire et sera d'une durée de 4 ans. Il s'agira d'un contrat d'urgence, auquel il ne sera fait appel que dans le cas où une situation de décès excessif se présenterait à l'avenir et où la capacité locale existante de stockage des corps devrait être augmentée."

Le 10 juin, le gouvernement britannique a lancé un appel d'offres pour des "installations de stockage temporaire des corps" dans la région de Londres, au cas où il y aurait un "nombre excessif de décès" au cours des 6 mois à 4 ans à venir. De nombreuses personnes réalisent aujourd'hui que si cela se produit, même si ces décès seront attribués à la variante Delta ou à une autre mutation de Covid, il s'agira en réalité très probablement de victimes de vaccins.

Un lecteur avec qui nous avons discuté récemment a fait la comparaison avec la période précédant la Seconde Guerre mondiale, lorsque Winston Churchill, en préparation de la guerre (dont il a été démontré par ailleurs qu'elle avait été planifiée par les deux camps), a ordonné que des fosses communes soient creusées "au cas où" Londres serait bombardée. Des centaines de citoyens britanniques qui voulaient publier ou critiquer les preuves de la conspiration de la guerre ont été arrêtés et emprisonnés par Churchill sans procès. L'histoire va-t-elle se répéter, mais cette fois avec la vaccination de masse et ses opposants ?

L'avenir en 2020

En novembre 2020, le gouvernement britannique était déjà "à la recherche urgente d'un programme d'intelligence artificielle (IA) pour gérer le nombre élevé attendu d'effets indésirables graves (ADR) du vaccin Covid-19". ADRs, Adverse Drug Reactions, nous avions traduit par " effets indésirables graves ", car cela ne signifie pas des effets secondaires ordinaires. Les EIM comprennent les décès, les maladies potentiellement mortelles et les handicaps permanents. Par conséquent, un ADR nécessite toujours une hospitalisation.

Les vaccins, qui contiennent des ingrédients (ARNm / instructions génétiques pour fabriquer la protéine la plus dangereuse du coronavirus dans votre propre corps) que vous ne pouvez JAMAIS faire sortir de votre corps, font exactement ce qui est strictement interdit pour la nourriture et les boissons. Pire encore : le gouvernement exerce une pression toujours plus forte sur la population pour qu'elle prenne JUST ce vaccin, dont on sait déjà, encore une fois (on ne le répétera jamais assez), qu'il fera un grand nombre de victimes, y compris des morts.

Comment appelez-vous un gouvernement qui met sciemment, délibérément et activement en danger le bien-être de son propre peuple, qui impose délibérément à sa propre population quelque chose dont il sait déjà à l'avance qu'il va provoquer un grand nombre de malades et de morts ?

D'un point de vue cynique, nous pourrions appeler cela un gouvernement ayant une approche particulièrement "prévoyante". Comme maintenant en Angleterre, où ils veulent faire de la place à l'avance pour un nombre manifestement élevé de cadavres attendus, causé par... quoi ?

Ce livre est une compilation de nos articles publiés précédemment et de nouveaux articles pour exposer les vaccins avec le contexte approprié, concernant des sujets tels que la dépopulation et le contrôle du monde par l'élite mondialiste. Si vous souhaitez en savoir plus sur des sujets tels que la grande réinitialisation, nous vous conseillons de lire également nos autres livres et de les partager avec tous ceux qui vous sont chers.

Nous voulons toucher le plus grand nombre de personnes possible, c'est pourquoi nous continuons à publier notre contenu, pour nous assurer que si un titre est ignoré, l'autre titre reçoit quand même l'attention dont ces sujets ont besoin.

Si nous voulons gagner cette guerre contre l'humanité, nous devons informer tout le monde de la réalité de ce qui se passe en ce moment !

Table des matières

Chapitre 1 : Août 2021 ? !

9,5 % des personnes âgées entièrement vaccinées ne sont toujours pas "protégées contre la mort", selon le gouvernement britannique.

Un document officiel du gouvernement britannique (daté du 31 mars) sur la " feuille de route " telle qu'elle devrait être en 2021 montre que les personnes âgées entièrement vaccinées, en particulier, devraient s'inquiéter de la " troisième vague corona " attendue (qui peut coïncider ou non avec la variante indienne " Delta "). À la page 18, au point 56, il y a quelque chose de notable, une déclaration inquiétante qui semble confirmer le scénario probable tel que nous l'avons esquissé depuis le printemps 2020.

Cela montre que la plupart des décès et des admissions (à l'hôpital) dans le cadre d'une résurgence post-Roadmap (de la corona, avec un pic en août) sont des personnes ayant reçu deux doses de vaccin, même en l'absence d'une diminution de la protection vaccinale ou d'une variante émergente échappant aux vaccins. Cela s'explique par le fait que l'administration de vaccins est très élevée dans les groupes d'âge les plus élevés. Par conséquent, il y a 5 % des plus de 50 ans qui ne sont pas vaccinés, et 95 % x 10 % = 9,5 % des plus de 50 ans qui sont vaccinés mais qui ne sont pas protégés contre la mortalité. Ce n'est pas le résultat de vaccins inefficaces, mais uniquement parce que l'administration de vaccins est si élevée. (c'est nous qui soulignons)

Les 10 % correspondent à la variation saisonnière supposée de la transmission (du virus). Cette variation saisonnière, causée par "l'interaction entre la vaccination et l'immunité induite par l'infection", devrait rendre la troisième vague (beaucoup) plus faible que la précédente, mais pourrait prolonger l'"épidémie" (supposée). On suppose également que 90 % de la population sera vaccinée jusqu'à 50 ans.

Mais relisez cette phrase : *"Cela n'est pas dû à l'inefficacité des vaccins, mais uniquement au fait que l'administration est très élevée".*

Les vaccins sont "efficaces", mais parce que nous en administrons un très grand nombre, 9,5 % des personnes vaccinées de plus de 50 ans ne sont toujours pas protégées contre la mort (par le coronavirus, sans compter les mutations). Ce que le gouvernement dit avec ce raisonnement ténébreux, c'est que "juste parce que nous vaccinons tant de personnes, statistiquement plus de personnes vaccinées vont mourir".

Mais attendez une minute, nous vaccinons TOUTES ces personnes pour les protéger de la mortalité, non ? Alors ce vaccin devrait fonctionner sur TOUTES ces personnes, non ? Peut-être pouvez-vous soutenir que le vaccin n'est pas efficace chez 0,1% ou 1%, mais chez près de 10% ? Comparez cela à l'IFR établi de Covid-19 de seulement 0,15%. SI vous êtes infecté, vous n'avez que 0,15 % de chances d'en mourir (comme pour la grippe saisonnière). Alors pourquoi diable prendre le risque de se faire injecter une "thérapie" expérimentale de manipulation génétique très controversée ?

Une large vaccination pendant une pandémie était la chose la plus stupide à faire jusqu'en 2020.

Si vous étiez alors en faveur de la vaccination tout court, peut-être faudrait-il décider de revenir à ce qui était la règle générale jusqu'en 2020, à savoir que l'on ne vaccine que les groupes à haut risque ? De nombreux virologues et immunologistes de renommée mondiale, dont le découvreur du VIH et lauréat du prix Nobel Luc Montagnier, ont averti, sur la base de l'histoire, que la vaccination de l'ensemble de la population (y compris les personnes en bonne santé) pendant une épidémie ou une pandémie - exactement ce qui a été fait partout depuis la fin de l'année dernière - est la chose la plus stupide et la plus dangereuse que l'on puisse faire.

Les modèles utilisés ici supposent que l'efficacité des vaccins reste élevée et ne considèrent pas l'impact des nouvelles variantes comme une source de préoccupation" (paragraphe 61). Puis, au point 63, cela est déjà contredit. L'importation lente de nouveaux variants, tels que B.1.351., est une priorité très importante pour le développement de la prochaine génération de vaccins. Comme cela prendra "de nombreux mois", "les mesures de prévention et de gestion du risque d'importation, telles que le dépistage des individus... et le maintien de mesures de quarantaine strictes pour ceux qui entrent dans le pays restent importantes...".

Une autre preuve pour les vaccinations obligatoires à 100% ?

Ce document est-il peut-être un avertissement déguisé selon lequel 9,5 % des personnes âgées entièrement vaccinées ne sont "pas protégées contre la mortalité", précisément à cause du vaccin ? S'agit-il d'une tentative d'expliquer à l'avance un nombre très élevé de décès dus au vaccin ? Est-ce la véritable raison pour laquelle le gouvernement britannique recherche des sites pour stocker un "nombre excessif de décès" à Londres dans les 6 mois à 4 ans à venir ? 9,5 % de 95 % des 26 millions de Britanniques âgés de plus de 50 ans = 24,7 millions = 2,35 millions de personnes âgées qui pourraient encore mourir malgré leurs vaccins.

Ce n'est pas explicitement écrit, mais ce postulat ouvre la voie au scénario redouté qui consiste à essayer d'imposer des vaccinations obligatoires à 100 % et à accuser faussement les quelques pour cent de personnes non vaccinées d'être responsables de la vague de maladies et de décès à venir, et des vagues suivantes qui sont déjà annoncées.

Nous pouvons déjà deviner les messages de propagande mensongère des politiciens et des médias du système : Ce n'est que si tout le monde est vacciné que cette troisième vague/variante pourra être stoppée, vos grands-parents seront à nouveau en sécurité, nous n'aurons pas à annoncer de nouvelles fermetures", etc. Tout cela sera répété si souvent que les 90 % qui n'ont fait aucun effort au cours des dix-huit derniers mois pour effectuer eux-mêmes des recherches critiques, croiront aveuglément à ce énième flot d'absurdités démontrables.

En tout cas, le gouvernement britannique travaille de plus en plus ouvertement à cet objectif : "Il est très probable que de nouveaux vaccins seront nécessaires à moyen terme" (paragraphe 64). Si l'épidémie prend de l'ampleur comme au début de l'automne 2020, il est alors possible d'avoir un scénario national contrôlé", parallèlement à d'éventuelles mesures régionales et locales.

Un faux mémorandum prévoit un verrouillage permanent dans quelques semaines.

Un soi-disant mémorandum du gouvernement britannique indiquerait que le pays va se mettre en confinement permanent dès 3 semaines ou en août car - malgré les vaccinations de masse - une "troisième vague" avec principalement la variante du delta indien est attendue. Le document, dont l'authenticité ne peut être confirmée et qui est très probablement un faux*, aurait été rédigé par le tristement célèbre alarmiste Dr Neil M. Ferguson, qui a été discrédité pour ses modèles de pandémie complètement démystifiés de l'année

dernière, dans lesquels il prévoyait au moins un demi-
million de décès pour la seule Grande-Bretagne.

13

Chapitre 2 : Abandonner les vaccins ?

" Gouvernement norvégien : L'arrêt de ce vaccin sauve des vies - L'EMA met en garde : Le vaccin AZ peut également provoquer une fuite des vaisseaux sanguins et une pression sanguine très basse, avec dans le pire des cas une insuffisance rénale et une hémorragie cérébrale"

La Norvège a décidé de se débarrasser de son stock de vaccins AstraZeneca dans les pays voisins parce que vous avez statistiquement plus de chances de mourir de ce vaccin que du Covid-19.

Le FHI, version norvégienne de l'OMS, a pris cette décision parce qu'il a été démontré que le vaccin AZ entraînait de graves complications telles que des caillots sanguins, des hémorragies et une numération plaquettaire trop faible. L'abandon du vaccin maintenant pourrait sauver 10 personnes qui seraient autrement décédées à cause de ces effets secondaires. Selon le FHI, le vaccin AZ a un taux de mortalité de 2,3 sur 100 000 en Norvège.

L'autorité s'oppose également à la fourniture volontaire du vaccin AZ, car elle considère qu'il est "contraire à l'éthique" de l'injecter à des personnes "qui ne sont pas pleinement conscientes du risque auquel elles sont exposées". Néanmoins, l'approvisionnement est donné aux pays voisins (selon le principe "toutes les vies sont égales, mais les vies norvégiennes sont plus égales que les suédoises").

82% des Norvégiens pensaient initialement que les vaccins Covid étaient une bonne idée, mais 76% sont maintenant sceptiques. De toute façon, 99 % ne veulent pas recevoir d'injection d'AstraZeneca ; la méfiance est (encore) beaucoup moins grande à l'égard des "vaccins" de manipulation génétique de Moderna (9 %) et de Pfizer (8 %).

Des scientifiques allemands ont découvert que le vaccin de Johnson & Johnson comporte le même risque de caillots sanguins que le vaccin d'AstraZeneca. Parallèlement, l'EMA met en garde contre un autre effet secondaire potentiel du vaccin AZ : Le syndrome de fuite capillaire, qui entraîne une fuite des vaisseaux sanguins et une pression sanguine très basse. Cela peut entraîner des douleurs, des nausées, de la fatigue et, dans le pire des cas, une insuffisance rénale et une hémorragie cérébrale.

Nous ne voulons inquiéter personne, sauf ceux qui pensent encore "je me suis fait vacciner et je n'ai rien à craindre" : les dommages causés par les vaccins peuvent survenir immédiatement, après quelques jours ou semaines, mais aussi après plusieurs mois, voire plusieurs années. À cet égard, c'est comme le cancer : il peut se développer à la vitesse de l'éclair, mais aussi très lentement.

Chapitre 3 : Des décès dus aux vaccins non déclarés ?

En un peu plus d'un mois, près de 4 000 décès supplémentaires - Les avortements spontanés après une vaccination en Grande-Bretagne ont augmenté de 630 % (et de 3300 % pour les autres).

Le nombre de décès provoqués par le vaccin Covid-19 dans l'UE s'élevait à 15 472 au 19 juin. Près de 600 000 personnes ont subi des conséquences graves, notamment des maladies auto-immunes, des handicaps (dont la surdité et la cécité), des problèmes cardiaques, rénaux et hépatiques, ainsi que des troubles du système nerveux et des muscles/os. Plus d'un million et demi de personnes ont subi des effets secondaires plus légers, mais non encore permanents. Les vaccinations ont également d'autres conséquences douloureuses : en Grande-Bretagne, le nombre d'avortements spontanés après une vaccination a augmenté de 630%, et relativement de 3300%.

Les chiffres officiels de l'EMA montrent depuis le début de l'année que les vaccins Covid-19 ont un taux de mortalité extrêmement élevé partout, plus que tous les autres vaccins des dix dernières années réunis. Malgré cela, les gens sont toujours désireux de se faire insérer dans le bras cette aiguille de loin la plus dangereuse qui soit. Pourquoi ? Parce qu'ils sont alors débarrassés des "tracasseries" de leur employeur ou de leur famille et peuvent à nouveau être "libres". C'est du moins ce que l'on croit, car les médias et les politiciens en font la promotion.

En un peu plus d'un mois, près de 4 000 décès et 284 000 cas graves supplémentaires.

Depuis notre dernier livre, publié en juin, le nombre de décès dus aux vaccins a augmenté de 3953, et le nombre de personnes souffrant de conséquences graves (/ permanentes) de 284 187, soit un quasi-doublement.

Et ce, pour avoir prétendument combattu un virus qui, même mesuré numériquement sur deux saisons, reste comparable à une grippe solide et, pour les septuagénaires, même à une grippe bénigne (l'IFR moyen de Covid n'est encore que de 0,15 %, selon le professeur John Ioannidis, immunologiste de renommée mondiale et consultant de l'OMS. Pour les septuagénaires, ce chiffre est de 0,05 %, soit l'équivalent d'une grippe normale).

Le vaccin Moderna est le plus dangereux avec 8,41% de décès par déclaration, suivi de Johnson & Johnson (4,8%), Pfizer (3,11%) et AstraZeneca (1,15%). Le vaccin Johnson produit le plus grand nombre d'effets indésirables (3,0 par rapport), suivi par AstraZeneca (2,7), Moderna (2,5) et Pfizer (2,3). Les vaccins de Moderna (55,91 %) et d'AstraZeneca (55,32 %) produisent les symptômes les plus graves. Pfizer suit avec 41,96 %, et Johnson avec 33,77 %.

Malgré la croyance sectaire en la "science", de plus en plus d'ingérence.

La plupart des déclarations proviennent des Pays-Bas (13,7%), suivis de l'Italie (12%) et de la France (8,6%). Cependant, il est tout à fait concevable que l'enregistrement aux Pays-Bas soit meilleur et plus précis que dans d'autres pays, et que de nombreuses victimes de vaccins dans ce pays ne se retrouvent pas dans les statistiques. Néanmoins, nous savons de source directe que, même aux Pays-Bas, il existe des médecins qui, sans avoir fait la moindre recherche, sont capables de dire immédiatement aux personnes qui signalent des effets secondaires par téléphone que "cela ne peut pas être dû à votre vaccination".

Vous parlez d'une croyance aveugle et sectaire dans la "science" - ou dans ce qui passe pour de la science de nos jours ! Toutefois, il est également possible que ces médecins aient tout simplement trop peur des conséquences pour leur poste et leur carrière s'ils signalent ou enregistrent les conséquences (graves) des vaccinations en tant que telles, et qu'ils choisissent donc de "joindre le geste à la parole".

Seuls 1 % à 13 % finissent dans les statistiques

Les autorités américaines ont admis, pas plus tard qu'en 2011, que seuls 1 à 13 % du nombre de victimes des vaccins sont déclarés à la FDA. Si nous appliquons ces chiffres à l'Europe, alors en réalité entre 10 et 100 fois plus de civils seraient touchés que ce qui est indiqué dans ces statistiques, soit entre 6 et 60 millions, sans compter plus de 15 000 décès, mais au moins 150 000. (1)

De plus, il ne s'agit que des personnes pour lesquelles un lien direct peut être démontré, alors qu'il est scientifiquement connu que de nombreuses personnes ne ressentent des effets néfastes sur la santé qu'après plusieurs mois, voire plusieurs années. Un lien de causalité ne peut alors plus être démontré directement.

Les avortements spontanés en Grande-Bretagne ont augmenté de 630%.

Les vaccinations ont également d'autres conséquences douloureuses : en Grande-Bretagne, le nombre d'avortements spontanés après une vaccination a augmenté de 630%, et même de 3300% en termes relatifs. Déjà 200 femmes enceintes ont perdu leur enfant à naître peu après leur injection de manipulation génétique Covid ; 3 femmes n'y ont pas survécu elles-mêmes.

Les femmes qui perdent leur enfant à naître après une vaccination peuvent tenir leurs prestataires de soins de santé directement responsables, car la notice d'emballage et les instructions d'entretien du "vaccin" de Pfizer, par exemple, indiquent explicitement que l'injection ne doit pas être administrée aux femmes enceintes et que les femmes qui souhaitent tomber enceintes doivent attendre au moins deux mois après leur vaccination.

Comme en Inde, au Chili, à Taiwan et aux Seychelles, le nombre de décès a également explosé aux Etats-Unis et en Grande-Bretagne après le début de la campagne de vaccination de masse contre le Covid-19. En moins de 5 mois, il y a eu plus de décès officiels liés aux vaccins aux Etats-Unis qu'au cours des 10 dernières années (!). Selon le système d'enregistrement VAERS - qui n'enregistre historiquement que 1 % à 10 % maximum du nombre réel de cas - plus de 1750 personnes sont mortes des suites d'un vaccin au cours des 3 premiers mois. Ce nombre s'élève actuellement à 5997. Rien que la semaine dernière, 700 personnes sont mortes après avoir été vaccinées contre le Covid-19.

Déjà 19 597 personnes ont été hospitalisées après avoir été vaccinées. 15 052 personnes ont eu une réaction allergique grave. 43 891 autres personnes ont eu besoin de soins médicaux d'urgence. 2190 personnes ont eu une crise cardiaque, 1564 ont eu une thrombose / des caillots sanguins / un taux de plaquettes trop faible, 652 femmes ont fait une fausse couche et 4583 personnes ont été handicapées.

Plus de 2 fois plus de décès chez les personnes vaccinées

Un "massacre de l'horreur des vaccins" a également lieu en Grande-Bretagne. Les chiffres (Public Health England / UK National Health Service) sont stupéfiants : le nombre de décès chez les personnes vaccinées est deux fois plus élevé en pourcentage que chez les personnes non vaccinées.

Sur les 19 573 personnes non vaccinées qui auraient reçu la variante "delta" - que les médias grand public exploitent bien sûr à nouveau pour une énième campagne de peur et de terreur - 23 personnes sont décédées (= taux de mortalité de 0,00117 %), y compris la catégorie "non liée" (4289 cas, ce qui porte le taux de mortalité à 0,00096 %).

Sur les 9344 personnes vaccinées qui ont reçu la mutation delta, 19 sont décédées (= taux de mortalité de 0,00246%), soit un taux plus de deux fois supérieur à celui des personnes non vaccinées, et plus de 2,5 fois supérieur si l'on inclut les cas "non liés". 7 des 19 vaccinés décédés sont morts 21 jours ou plus après leur première injection, et 12 d'entre eux sont morts 14 jours ou plus après leur deuxième injection, ce qui implique directement le vaccin comme cause directe.

Les avertissements des experts ont été ignorés

Cette tendance confirme les avertissements de nombreux scientifiques et experts, comme le professeur Pierre Capel, qui prévient depuis l'automne 2020 que c'est exactement ce qui est sur le point de se produire, ce qui est maintenant visible dans de plus en plus de pays : les personnes vaccinées qui sont ensuite infectées par le virus ou une mutation sont beaucoup plus susceptibles que les personnes non vaccinées de contracter l'ADE (Antibody Dependent Enhancement), une maladie grave conséquente ou même la mort.

Des scientifiques célèbres tels que Luc Montagnier, découvreur du VIH et lauréat du prix Nobel, et le professeur Schetters, en Europe, ont martelé en vain le fait que, jusqu'en 2020, il s'agissait d'un fait scientifique incontesté : vacciner pendant une pandémie est la chose la plus stupide que l'on puisse faire, car on crée des mutations potentiellement dangereuses, ce qui augmente le nombre de malades et de morts.

Cependant, la politique n'a jamais semblé porter sur la santé ou la sécurité, mais sur l'injection à tout le monde, aussi forcée que possible, d'organismes expérimentaux génétiquement modifiés / thérapie génique, dans le cadre du programme de contrôle totalitaire transhumain technocratique actuellement imposé à la population mondiale sous divers noms (Great Reset, Agenda-2030, Build Back Better, Green New Deal).

Les entreprises américaines comptent perdre un grand nombre de leurs employés vaccinés.

L'animateur de radio américain Hal Turner a mis en ligne pour ses abonnés une vidéo qui prétend montrer que les entreprises américaines comptent perdre la MOITIÉ de leurs employés vaccinés à cause d'un vaccin Covid-19 (morts ou handicapés). Cette information ne peut être vérifiée à l'heure actuelle.

Chapitre 4 : La preuve de la planification ?

La réaction éventuelle des parties concernées est tout à fait prévisible : "Coïncidence".

Un accord confidentiel entre les Instituts nationaux américains des allergies et des maladies infectieuses (NIAID) et le fabricant de vaccins Moderna montrerait que dès le 12 décembre 2019, il a été convenu de transférer des "candidats vaccins potentiels contre le coronavirus" à l'Université de Caroline du Nord. C'était 19 jours AVANT le premier signalement d'un nouveau virus à Wuhan, en Chine. Si ce document est authentique, c'est une autre indication forte que nous avons bien affaire à une pandémie planifiée, ou plandémie. La question suivante se pose alors : ces parties sont-elles également les agents responsables de l'"épidémie" de coronavirus ?

Le document a été signé par Ralph Baric (PhD) de l'Université de Caroline du Nord (Chapel Hill) le 12 décembre 2019. Baric a ensuite fait surface dans certains médias en tant qu'"expert en coronavirus de l'UNC".

L'autre signataire est Jacqueline Quay, directrice du soutien aux licences et à l'innovation de la même université. Sa signature est datée du 16 décembre 2019. Jusqu'en 2009, Mme Quay était directrice de la propriété intellectuelle du Duke Human Vaccine

Institute et du Center for HIV-AIDS Vaccine Immunology (CHAVI) qui y est situé.

Au nom du fournisseur des candidats vaccins à ARNm contre le coronavirus, Barney Graham MD (PhD) a également signé le document. Graham est un "investigateur" au NIAID. Une signature électronique, datée du 12 décembre, est celle d'Amy F. Petrik, spécialiste en transfert de technologie. Enfin, il y a le gribouillage de Sunny Himansu (PhD), chercheur à Moderna. Le tout a été approuvé par l'avocat Shaun Ryan, directeur juridique adjoint de Moderna.

Comment les États-Unis et Moderna ont-ils su pour le coronavirus presque 3 semaines à l'avance ?

Toutes ces personnes savaient donc, bien avant l'apparition de l'épidémie en Chine, qu'un vaccin à ARNm contre le coronavirus serait nécessaire et qu'il fallait choisir le meilleur candidat. Comment les autorités médicales américaines et Moderna ont-elles pu le savoir ? Ce n'est que le 31 décembre que le premier petit rapport sur un nouveau virus a été publié à Wuhan. Le calendrier de l'OMS indique clairement que ce n'est qu'à cette date qu'une "nouvelle pneumonie virale" est apparue à Wuhan.

Turner se demande à voix haute s'il n'est pas temps de mener une enquête approfondie sur les véritables agents responsables de la p(l)andémie corona. Mais que faire quand les (co-)coupables (le gouvernement américain) eux-mêmes commencent à mener cette enquête ? Le directeur du NIAID est le Dr Anthony Fauci, qui semble n'avoir dit que des mensonges au cours de l'année écoulée, et dont le lien direct avec la recherche sur le coronavirus "gain de fonction" à Wuhan a été prouvé (1). Peut-on faire confiance à la recherche officielle en 2021 ?

Événement 201 prévu 65 millions de décès

Cette prescience du coronavirus est, bien sûr, facile à expliquer à la lumière du désormais tristement célèbre Event 201 d'octobre 2019, au cours duquel de vastes répétitions ont été organisées avec diverses agences et gouvernements en vue d'une "possible" épidémie mondiale avec un coronavirus, qui est "prévue" pour tuer 65 millions de personnes. Lors de l'événement 201, le scénario a été décrit comme étant suivi exactement depuis 2020. Nous sommes maintenant dans la phase "intermédiaire", où il semble que le virus disparaisse. Cependant, cette disparition sera suivie d'un double retour (vraisemblablement à l'automne/hiver), dont, selon le scénario, des dizaines de millions de personnes " doivent " mourir.

La réaction éventuelle des parties concernées et des médias à ce document est tout à fait prévisible :

Oui, nous travaillons depuis des années sur un vaccin contre le coronavirus. C'est une pure coïncidence que

ce document ait été signé si peu de temps avant
l'épidémie.

Je n'ai plus vraiment d'espoir que les gens se réveillent
enfin à ce qui se passe réellement. L'attitude de la
plupart des gens est désormais si docile et naïve que si
le gouvernement et les médias leur disent que le ciel
n'est pas bleu mais rose, ils le prendront pour argent
comptant. Le prix à payer dans les années à venir pour
cette attitude désintéressée, indifférente et
insignifiante pourrait cependant être très élevé.

Chapitre 5 : Meurtre de masse ?

Tout ce que le gouvernement et ses scientifiques nous ont dit depuis un an et demi, qu'il s'agisse de confinement, d'infections, de masques, de décès ou de mutations, sont des mensonges purs et simples. ZERO' - Si vous voulez tuer des milliards de personnes au cours des mois ou des années et avoir un 'déni plausible', c'est LA solution'.

Le Dr Mike Yeadon, ex-vice-président et directeur de la recherche sur les allergies et les maladies respiratoires chez Pfizer, en tant qu'immunologiste de haut niveau, a été l'un des opposants les plus virulents à la vaccination massive contre le corona au cours de l'année écoulée. Selon lui, les gens "n'ont pas à avoir peur de ce virus, mais ils doivent être terrifiés par leur propre gouvernement. Parce que tout ce que l'on vous a dit sur les confinements, les infections, les masques faciaux ou les mutations étaient des mensonges purs et simples". Il avait déjà prévenu que les vaccins à ARNm sont des armes biologiques potentielles. Si vous voulez anéantir la population mondiale (sans pouvoir être directement accusé), c'est la solution. Il ne retire pas un mot de ce qu'il a dit.

Dans une interview accordée à The Highwire, Yeadon dit avoir trouvé très suspect qu'un lockdown soit déclaré en mars 2020, et il a été carrément choqué lorsque le gouvernement a décidé de prolonger ce lockdown, alors que les chiffres de morbidité et de mortalité ne le justifiaient absolument pas. C'est à ce moment-là que j'ai su qu'il y avait quelque chose d'incroyablement mauvais. Les gens ne devraient pas avoir peur de ce virus. Tout ce que le gouvernement et ses scientifiques nous ont dit depuis un an et demi est un mensonge. Ce n'est pas seulement une opinion, mais un fait. Ils disent délibérément des contre-vérités, et nous appelons cela des mensonges".

Objectif : nous rendre prêts pour les vaccins, ce qui est un crime très grave.

Le but était de nous rendre mûrs pour les vaccins... Je pense qu'un crime très grave est en train d'être commis". Yeadon cite le conseiller de l'OMS et le meilleur immunologiste du monde, John Ioannidis, qui a confirmé l'année dernière que "cette pandémie de corona est comparable en tous points à une solide grippe saisonnière, et pas pire. Le meilleur épidémiologiste du monde estime donc qu'elle n'est qu'un peu plus grave qu'une grippe classique".

Mais le gouvernement et tous les décideurs politiques donnent l'impression que ce virus est sans précédent (dangereux), ce qui est tout simplement faux. Ce qui me met particulièrement en colère, c'est que de bons médicaments (HCQ, Ivermectin, etc.) sont refusés aux gens. Ils ont dit qu'il n'y avait pas de traitements, et c'est absolument faux". De nombreux médecins et scientifiques du monde entier ont prouvé que ces médicaments sont en fait excellents contre le Covid-19 (à différents stades). Si ces médicaments avaient été disponibles, nous aurions été débarrassés de cette maladie en quelques mois.

Le test PCR, utilisé à tort, n'est absolument pas fiable à cette fin.

Yeadon pointe également à nouveau du doigt le test PCR, dont on sait depuis longtemps qu'il est totalement inadapté pour démontrer une infection virale, comme l'inventeur (et lauréat du prix Nobel) l'a déclaré dès 2019, et qui a même été reconnu par Marion Koopmans à la fin de l'année dernière. De plus, ce test PCR n'est pas non plus utilisé selon la norme scientifique. Tant de cycles sont utilisés (40-45, alors que 20-25 fois est le maximum absolu), que les résultats du test ne sont absolument pas fiables (95% de faux positifs), et que chaque résidu de n'importe quel virus - y compris un simple rhume - donne un résultat "positif".

Selon l'ancien vice-président de Pfizer, cela a été fait intentionnellement pour pouvoir "démontrer" le plus grand nombre possible de (fausses) infections, afin de justifier les mesures de verrouillage. De plus, le test PCR ne montre jamais si une personne est malade ou infectieuse (contagieuse pour les autres) de toute façon. (Les taux d'infection figurant sur les différents tableaux de bord Corona étaient et sont donc totalement bidons).

Les personnes ne présentant aucun symptôme ne sont JAMAIS contagieuses.

S'en est suivi un autre mensonge éhonté, à savoir que les personnes ne présentant pas de symptômes pouvaient être contagieuses. Je savais que ce n'était pas vrai. C'est mon expertise ! C'est mon travail depuis 40 ans. Ils savent que j'ai raison. Seules les personnes ayant beaucoup de particules virales dans leurs voies respiratoires sont contagieuses. Cependant, ces personnes auront toujours des symptômes. Il n'y a pas de débat sur ce point. Les personnes qui ne présentent pas de symptômes ont donc peu de particules virales et ne peuvent donc pas infecter les autres. Il y a beaucoup de littérature à ce sujet". Même Anthony "menteur" Fauci l'a littéralement admis en février 2020.

J'accuse les conseillers et les ministres de meurtre de masse.

Au cours de l'année, j'en suis venu à la conclusion - et c'est une affirmation difficile - que littéralement tout ce que le gouvernement et ses experts vous disent n'est que mensonge. Oui, des gens sont morts, vraisemblablement des dizaines de milliers. Mais ils auraient probablement pu être sauvés. J'accuse donc les conseillers scientifiques et les ministres du gouvernement de meurtre de masse. Je veux les voir sur le banc des accusés".

Pour ceux qui pensent que le gouvernement leur a dit la vérité, c'est un grand tournant. Je réalise que c'est un grand choc.

Les médias sont d'horribles menteurs, car le risque de contagion est nul.

Il cite une étude scientifique qui a montré que les personnes dont le test PCR est positif mais qui ne présentent aucun symptôme n'ont que 0,7 % de chances au maximum d'infecter une personne de leur entourage. Le risque d'infection était et reste donc nul.

Je blâme également les médias, quels horribles menteurs ils sont ! Ils nuisent à leur propre société et à leur propre vie, y compris celle de leurs enfants. Pendant des mois, ils nous ont menti en nous disant que l'on pouvait transmettre ce virus aux autres sans s'en apercevoir. C'est un mensonge éhonté, et tout simplement impossible".

Autre énorme mensonge : les masques buccaux, que tout le monde doit porter. Si vous ne présentez aucun symptôme, un masque buccal est de toute façon une absurdité, " mais absolument nuisible " pour votre santé. Alors, à quoi servent les masques ? Ils entretiennent et alimentent la peur délibérément semée parmi les gens. C'est la raison principale : faire peur aux gens. Cela va de pair avec les autres mensonges qu'ils vous racontent".

**Les fermetures n'ont fait aucune différence, les
infections ont lieu dans les institutions.**

Les mesures de confinement, qui restreignent tout
contact humain, ne fonctionnent jamais et sont inutiles.
Dans le cas d'une épidémie de virus respiratoire, il ne
s'agit que du nombre de contacts infectieux, c'est-à-dire
de personnes présentant des symptômes de maladie et
pouvant infecter d'autres personnes. Mais nous savons
comment faire face à cela depuis toujours : restez chez
vous ! Et on limite automatiquement le nombre de
contacts, parce qu'on est malade et/ou qu'on a de la
fièvre. Les rares personnes qui tombent vraiment,
vraiment malades finissent à l'hôpital.

Et c'est pourquoi la fermeture des entreprises et autres
n'a fait aucune différence. Ce n'est pas là que les
infections ont eu lieu. Où ont-elles eu lieu ? Dans les
endroits où il y a beaucoup de personnes présentant
des symptômes, et en même temps beaucoup de
personnes sensibles : les hôpitaux ! Et qu'en pensez-
vous ? Beaucoup d'infections s'y sont produites, tout
comme dans les maisons de retraite. Dans les familles
beaucoup moins, parce qu'il y avait déjà beaucoup
d'immunité existante, et les enfants ne peuvent pas
propager le virus.''

Je crois que 90 % de toutes les infections ont eu lieu
dans ces institutions. La même chose s'est produite
avec le SRAS-1 en 2003, et le MERS en 2012. De plus, le
SRAS-CoV-2 est principalement une maladie qui

survient dans les institutions. Donc votre gouvernement vous a menti. Les mesures de confinement n'auraient jamais pu fonctionner, car les infections se sont produites dans les institutions, et non dans la société.

Les variantes et les mutations diffèrent de 0,3 % au maximum, tous les humains sont immunisés contre ce phénomène.

Voilà donc toute une liste de mensonges que l'on nous a racontés, depuis l'exagération des taux de mortalité jusqu'à l'affirmation qu'il n'existe aucun traitement. Oh oui, et un autre mensonge : qu'il s'agit d'un "nouveau" virus, et donc que personne n'est immunisé. Le monde entier a été terrifié. J'ai ensuite fait des recherches et j'ai vu que ce virus est similaire à 80 % au SRAS-1 (2003) et à environ 60 % à un coronavirus commun. Je me suis donc dit : chouette, pas de quoi s'inquiéter. L'immunologie est mon point fort, et j'ai donc souhaité que beaucoup de gens aient déjà une très forte immunité (cellules T et anticorps)".

Les conseillers scientifiques de nos gouvernements le savent aussi. L'un des conseillers officiels britanniques, Sr. Patrick Vallance (le Jaap van Dissel britannique), est même un ancien collègue de Yeadon. Nous avons eu les mêmes manuels et la même formation. Je suis sûr qu'il sait ce que je sais, et que lorsque tout cela sera terminé, il confirmera tous mes points, car ils sont scientifiquement si clairs. Malheureusement, lui et d'autres conseillers ont carrément menti à plusieurs reprises, et ce, pour effrayer les gens".

Maintenant le prochain mensonge, celui de 2021 : les variantes (mutations). Les gens comprennent des termes comme la variante "brésilienne", "indienne" ou "delta", et pensent qu'ils sont vraiment très différents, sinon le gouvernement et les médias n'en parleraient pas, n'est-ce pas ? Mais j'ai examiné attentivement la situation. La variante qui diffère le plus de celle de Wuhan ne diffère que de 0,3 %. En d'autres termes, elle est identique à 99,7 %, voire plus. Donc il est impossible que ces variantes puissent échapper à l'immunité humaine. Impossible. Ce qu'ils vous disent à ce sujet sont des mensonges.

J'ai honte des scientifiques qui soutiennent ces mensonges".

Yeadon dit avoir honte de cette partie des scientifiques qui continue à vendre et à soutenir tous ces mensonges avec des études et des rapports manipulés. Il ne fait aucun doute qu'une variante qui ne diffère que de 0,3 % ne provoque pas de symptômes de maladie chez quiconque (avec immunité). Impossible ! En tant que scientifique, il est très frustrant d'entendre comment les ministres et les conseillers parlent des variantes aux médias. Ils mentent comme des arracheurs de dents ! Car je comprends comment cela fonctionne. Tant sur le plan théorique qu'empirique, ce n'est pas possible. Ils ne sont pas assez différents pour qu'on s'en inquiète".

35

Il cite une étude scientifique (publiée sur bioRXiv, par le Cold Spring Harbor Laboratory) qui a révélé que les cellules T humaines réagissent aux variantes de ALL. Les scientifiques qui ont osé publier cette étude "sont des héros nationaux. Leurs recherches m'ont apporté ce que j'avais besoin de savoir pour vous dire cela maintenant".

Il est absurde que les médias ne permettent pas une voix critique.

L'intervieweur Del Bigtree lui demande pourquoi aucun des décideurs politiques ne veut l'écouter. Yeadon répond qu'il n'est certainement pas le seul, que lui et d'autres scientifiques, médecins et experts ont commencé à écrire des articles et à faire des recherches, et à essayer de passer à la télévision avec leurs visions et leurs conclusions pour refléter un point de vue différent. Mais pas un seul diffuseur ne veut que des scientifiques critiques comme lui s'expriment. Vraiment absurde".

Comment les scientifiques impliqués dans cette affaire peuvent-ils encore dormir ?

Je ne comprends pas comment les scientifiques impliqués peuvent encore dormir la nuit... Quand je regarde ces "vaccins" à base de gènes en tant que toxicologue, ils contiennent tous un code génétique pour la protéine de pointe du virus. Il m'a fallu 5 minutes pour trouver 3 études. Une étude dit que la protéine spike provoque des caillots sanguins ; une autre qu'elle peut provoquer une tempête de cytokines'.

Je me souviens avoir été rempli d'horreur quand j'ai lu cela. Donc vous mettez quelque chose dans ces vaccins qui fait que les corps des gens fabriquent des copies (innombrables) de cette protéine de pointe ? Cela ne pourrait pas exister, n'est-ce pas ? Parce que cela provoque la production de toxines dans votre propre corps ! Pendant quelques jours, j'ai pensé qu'ils avaient peut-être modifié la protéine spike pour qu'elle ne soit plus nocive, mais j'ai ensuite réalisé que ce n'était pas le cas."

En tant que toxicologue, je savais que des gens allaient mourir.

L'ancien cadre supérieur de Pfizer cite ensuite le Dr Sucharit Bhakdi, un chercheur primé très réputé qui compte plus de 300 publications en immunologie et en virologie à son actif. En novembre, j'ai eu une longue conversation téléphonique avec lui. Nous sommes malheureusement tous deux arrivés à la même conclusion : TOUS ces vaccins amènent le corps à produire cette protéine de pointe, et il est impossible que ces substances ne restent qu'au site d'injection (ce qui a été affirmé pendant des mois par le gouvernement, les fabricants et les médias, mais qui s'est avéré être un mensonge démontrable)".

Nous étions donc certains que certaines personnes allaient avoir des caillots sanguins". Avec Bhakdi, entre autres, et un autre expert critique renommé, le Dr Wolfgang Wodarg, en tant que "Doctors for Covid Ethics", ils ont soumis sans succès un certain nombre de lettres ouvertes et de pétitions à l'EMA à Amsterdam pour arrêter ces vaccins. En tant que toxicologue, je savais que des gens allaient mourir à cause de cela, ce qui m'a beaucoup perturbé".

Il n'y a eu AUCUNE recherche sur ce que ce produit chimique non naturel fait dans votre corps.

Toutes les publications scientifiques des dix dernières années montrent que l'ARNm était loin d'être prêt à être utilisé en masse dans les vaccins (de thérapie génique) pour les humains. De nombreux problèmes n'étaient et ne sont toujours pas résolus.

Ce que je vais vous dire, beaucoup de gens ne le savent pas encore. Lorsque ces "vaccins" génétiques vous sont administrés, vous recevez un agent chimique étranger, modifié et non naturel dans votre corps. Ils auraient dû faire des études toxicologiques à ce sujet, mais personne ne l'a fait ! Je ne pouvais donc pas croire que les agences donnaient encore leur accord pour des tests sur des dizaines de milliers de personnes. Ils n'avaient même pas encore mis en place les bases nécessaires ! Alors comment pouvaient-ils savoir que ces produits chimiques ne seraient pas toxiques ?".

En tant que pharmacologue, je veux savoir ce que fait un médicament dans le corps d'un humain ou d'un animal, où il va dans le corps et combien de temps il reste actif. Les fabricants de vaccins ne sont PAS tenus d'effectuer ces recherches. Ils n'ont donc PAS étudié où le vaccin/la protéine spike va dans votre corps une fois qu'il est injecté, quelle quantité il pénètre dans votre corps et combien de temps il y reste. J'étais presque en larmes quand j'ai lu ce dossier, parce qu'ils n'ont AUCUNE idée de ce qui va se passer".

Les chances que les personnes vaccinées s'en sortent indemnes sont nulles.

Mais je peux vous dire ceci : mère nature n'est jamais aussi gentille quand vous introduisez quelque chose de nouveau, quand vous injectez un produit chimique tout neuf dans un être humain, et que vous n'avez pas cherché où il va aller et ce qu'il va faire. Les chances que tu t'en sortes indemne ? ZERO. Cela n'arrivera pas". En d'autres termes : N'importe quelle personne vaccinée va subir des dommages de santé tôt ou tard.

Ce sont les vaccins les plus dangereux de tous les temps. N'oubliez pas que je suis normalement très positif à l'égard des nouveaux développements en matière de vaccins, j'ai passé ma vie à y travailler. Mais je suis aussi très favorable à la sécurité". Le fonctionnement (supposé) de ces nouveaux vaccins à ARNm ne comporte pas moins de 5 étapes. Au cours de chaque étape, quelque chose peut et va mal tourner. Certaines personnes ne subiront que des dommages légers, d'autres très graves.

À l'époque où il travaillait chez Pfizer, il était déjà très difficile de travailler avec l'ARNm. L'idée que dans 10 ans seulement, il sera soudainement assez sûr pour être utilisé chez l'homme est impossible. Cela ne fonctionne tout simplement pas de cette façon.' (Pas plus tard qu'en 2019, des scientifiques des meilleures universités américaines ont collectivement conclu qu'il faudrait de nombreuses années avant de pouvoir éventuellement établir que l'ARNm (vaccins/thérapie) est suffisamment sûr pour être injecté à des personnes).

Suit une discussion sur une étude récente menée par des scientifiques des systèmes qui ont tenté de prouver que les vaccins ne présentent aucun danger pour les femmes enceintes. Yeadon explique, à l'aide des statistiques de cette étude, que les conclusions sont erronées et qu'il existe un danger - certes faible, mais certainement pas nul, selon lui. Il qualifie d'"imprudente" la démarche actuelle, qui consiste à n'étudier les conséquences possibles qu'APRÈS que les gens aient été vaccinés.

Les EIM peuvent entraîner un nombre considérable de décès.

Il en va de même pour les vaccins Covid en général. Nous avons injecté à des personnes en bonne santé quelque chose qui peut leur nuire (par exemple en créant des caillots sanguins). De nombreuses personnes se sont également révélées allergiques à l'adjuvant PEC contenu dans les vaccins. Et devinez quoi ? Le tout premier jour de la vaccination dans mon pays (la Grande-Bretagne), deux soignants ont fait un choc anaphylactique. Selon votre système VAERS, des milliers et des milliers de personnes ont déjà eu une telle réaction anaphylactique. Et cela continue.

Jusqu'à présent, les menteurs ont eu tort à chaque fois. Mais je crains que la fin ne soit pas encore en vue. Vous avez déjà mentionné l'ADE (Antibody Dependent Enchancement). Si cela se produit, cela pourrait être catastrophique et entraîner littéralement un grand nombre de décès. Certains médecins le prédisent déjà, et je suis aussi inquiet qu'eux. Je ne peux tout simplement pas évaluer la probabilité que cela se produise".

Tous ces mensonges sont, à tout le moins, la preuve tangible d'une coopération internationale".

75 à 80 % de la population se fait vacciner, mais on ne sait absolument rien de la sécurité à long terme. Alors que se passe-t-il quand les choses tournent mal ? On commence à se demander si quelqu'un n'est pas en train d'essayer de tuer un grand nombre de personnes. Tous les mensonges qui sont racontés semblent l'indiquer".

'En 2018 ou 2015, nous n'aurions jamais fait toutes ces choses. Tout a été conçu d'un seul coup et s'est répandu dans le monde entier en 2020. TOUS les gouvernements ont commencé à diffuser les mêmes mensonges au même moment. Si quelqu'un peut m'expliquer, même à ce moment-là, que tout cela est une coïncidence ? Allons donc ! C'est au moins une preuve tangible de la coopération internationale, au niveau supranational. Donc, en février (2020), il y avait déjà un plan pour vous tromper."

Si votre gouvernement fait quelque chose de stupide et d'illégal, vous avez deux choix.

Je dis aux gens : si votre gouvernement fait quelque chose qui est a) stupide, et b) illégal, vous avez deux choix. Un : vous le suivez, ou deux : vous vous levez et le combattez. Et c'est tellement stupide ! Supposons que je sois vacciné, alors je n'ai pas besoin de savoir si vous ou quelqu'un d'autre l'est aussi, n'est-ce pas ? Je suis protégé, n'est-ce pas ? Si je devais attraper le virus, il serait détruit, non ?

Alors pourquoi devez-vous montrer un passeport de vaccin ? Qui veut cela ? Les personnes qui veulent que vous preniez ce vaccin sont des gens comme (Tony) Blair, Bill Gates et d'autres. Blair a démissionné avec un scandale, c'est un criminel de guerre, et je pense qu'il l'est resté. C'est un politicien, je suis un scientifique. Je suis absolument convaincu que personne ne bénéficiera de ces passeports vaccinaux... C'est ahurissant que les médias ne se posent même pas la question, car s'ils le faisaient, ils se rendraient compte que ça ne marche pas, que c'est une idée stupide'.

Mais que se passe-t-il entre-temps ? Partout, les gens sont soumis à une forte pression, indirectement forcés, pour se faire vacciner - y compris aux Pays-Bas. C'est de la coercition, et il n'est pas permis de forcer les gens à subir une procédure médicale, et encore moins une procédure expérimentale. C'est explicitement interdit par le code de Nuremberg et le droit international, qui a été signé par tous les pays. Mais ils le font quand même".

Les passeports numériques pour vaccins donnent au gouvernement un contrôle total sur vous.

Ce que je veux dire, c'est : ne prenez pas de vaccins Covid-19 ! Et pour ce qui est des passeports vaccinaux, je ne vois rien dans mes 61 ans qui soit plus important que d'empêcher ce système de voir le jour. Parce que si nous nous laissons berner en pensant que nous devons avoir une de ces applications sur notre téléphone pour prouver que vous avez été vacciné, alors vous obtiendrez la première carte d'identité numérique générale mondiale, il n'y aura plus de frontières, et ils pourront vous arrêter pour faire n'importe quoi (ou aller n'importe où)'.

Si ce système est mis en place, toute personne possédant cette base de données aura un contrôle total sur vous. Ils pourront alors vous interdire l'accès aux avions, aux magasins ou aux stations-service. Ils auront un contrôle total sur vous, et s'ils pensent que vous ne devriez pas faire quelque chose, ils vous en empêcheront, et vous ne pourrez rien y faire. Parce que tout le monde autour de vous participe, et vous n'avez pas le choix".

L'objectif de cette pandémie, des mensonges et des vaccins est de vous faire entrer dans ce système d'identification numérique. Une fois que ce système sera opérationnel, ils vous imposeront des "rappels" (nouveaux vaccins) en vous mentant sur les mutations. Vous n'en avez PAS besoin ; ces "piqûres de rappel" me terrifient. Ce ne sont pas des vaccins. On en fabrique déjà des milliards de doses.

Que se passera-t-il alors ? Ensuite, vous recevrez un message sur votre smartphone vous disant d'aller chercher tel ou tel vaccin dans les 2 semaines. Vous ne le faites pas ? Alors votre passeport de vaccination expirera, et avec lui, votre carte de paiement pour entrer dans un magasin ou une station-service. Je ne dis pas que cela va arriver, mais c'est possible. Il y a suffisamment de preuves que des acteurs très maléfiques sont impliqués.

Et si les prochains vaccins contiennent quelque chose qui vous tue ?

Et maintenant, que se passe-t-il si le troisième,
quatrième ou cinquième vaccin contient un produit
destiné à vous tuer ? Je ne sais pas, mais si je voulais
mettre en place un système avec un contrôle total et un
déni plausible, et injecter à des milliards de personnes
quelque chose qui les tue au cours des mois ou des
années, je ne peux pas imaginer un meilleur plan que
celui-ci".

Si vous pensez que vous êtes devenu fou, montrez-moi
ce qui n'est pas logique. Parce que sinon, vous vous fiez
à des gens qui sont vraiment si mauvais. Et j'ai bien peur
que ces personnes existent. Il y en a toujours eu,
regardez Pol Pot, les nazis, Staline, l'Argentine des
années 70. Au fil du temps, il y a eu partout des gens
prêts à tuer d'autres personnes pour arriver à leurs fins.
Tout ce que je suggère maintenant, c'est que cela arrive
aussi maintenant. La seule différence, c'est que cette
fois, cela se passe avec la technologie au lieu des armes,
et qu'à cause d'Internet, à peu près tout le monde sur
cette planète est impliqué".

Mais à part cela, ce sont les mêmes personnes
corrompues, répugnantes et à l'esprit criminel. Je pense
qu'ils ont maintenant mis au point ce système qui
permet que cela se produise. Et même si vous croyez le
gouvernement : n'acceptez jamais les passeports
numériques pour vaccins afin qu'ils puissent avoir un
contrôle total sur vous et vous forcer ensuite à vous
faire injecter. Les immunologistes disent que ce ne sont
pas des vaccins - alors qu'est-ce que c'est ?

Ce sont des meurtriers de masse qui ne se soucient pas d'un zéro.

Je ne suis pas une personne religieuse, mais je suis arrivée à la conclusion que je regarde maintenant les visages du Mal. Les gens peuvent voler, tricher, entrer par effraction, les gens peuvent faire de mauvaises choses. Mais CE plan n'a pas été conçu en 5 minutes... Si quelqu'un est prêt à signer (ou à exécuter) un ordre (/ une loi) dont il sait qu'il coûtera, disons, la vie à 20 000 personnes, alors vous avez déjà décidé que vous êtes un meurtrier de masse, et cela n'a plus d'importance si quelques zéros supplémentaires sont ajoutés à cela et que cela devient NEUF zéros (un milliard)'.

Ceux qui entendent cela pour la première fois vont penser que je deviens folle, mais je suis aussi calme que possible. On nous a menti sur la gravité du virus, qui n'est pas du tout dangereux. On nous a refusé des médicaments efficaces. Les mesures telles que le confinement et les masques sont manifestement inefficaces. De plus, l'histoire des variantes (/ mutations) n'est pas vraie. Donc, même si le vaccin s'avérait être sûr, vous êtes toujours induits en erreur avec ce récit vers ce que je crois être les portes de l'enfer".

Si quelqu'un ne veut pas le croire : Je n'ai encore rencontré personne qui ait une explication bénigne pour ce qui se fait maintenant. Mes conclusions quant à la direction que cela prend peuvent être fausses, mais pas mes conclusions selon lesquelles cela est fait de manière trompeuse et délibérée, et que cela fait du mal aux gens.

Soyez terrifiés par votre gouvernement et reprenez votre liberté.

En ce qui concerne le virus, il n'y a pas grand-chose à craindre. Il a pratiquement disparu dans le monde. Ce dont vous devez avoir peur, c'est de votre gouvernement... Les personnes qui ne lisent pas de sources d'information alternatives pensent que ce que le gouvernement leur dit est la vérité. Soyez terrifiés par votre gouvernement ; vous DEVEZ reprendre vos libertés pacifiquement. Ils doivent vous les rendre, parce qu'ils ne vous les ont pas prises de manière légale... et vous exposent maintenant à des vaccins très dangereux".

Alors reprenez votre liberté de manière pacifique. Si vous ne le faites pas, je ne sais pas où cela va se terminer, mais ce ne sera pas bon.

Chapitre 6 : Inflammation du cœur ?

Félicitations, vous détruisez pour une génération TOUTE la confiance dans TOUS les vaccins" - "Nombre de cas de myocardite et de péricardite 40 fois supérieur à la normale".

Le CDC américain tient une réunion "d'urgence" au sujet du nombre "inattendu" très élevé d'enfants et d'adolescents qui ont développé une inflammation cardiaque après avoir reçu une injection d'un "vaccin" Covid-19 de Pfizer ou Moderna. Urgence" entre guillemets, car la réunion n'aura lieu que dans sept jours. En attendant, les parents sont toujours invités à emmener tout simplement leurs enfants (à partir de 12 ans) dans un centre d'injection. Alex Berenson, économiste-historien de Yale et ancien journaliste et auteur primé du New York Times, réagit avec fureur : "Espèces d'idiots stupides. Tout cela était tellement prévisible".

L'"épidémie" de myocardite (inflammation du muscle cardiaque) et de péricardite (inflammation du péricarde) touche principalement les jeunes hommes et les adolescents (âgés de 16 à 24 ans) qui ont été vaccinés pour la deuxième fois. Récemment, les CDC ont demandé aux prestataires de soins de santé de demander aux patients présentant des symptômes d'inflammation cardiaque s'ils avaient été récemment vaccinés contre le Covid-19.

800 infections cardiaques signalées, mais on peut supposer qu'il y en a beaucoup plus

La base de données VAERS qui recense les 800 infections cardiaques a été mise à jour au 31 mai. Entre-temps, le nombre d'adolescents et d'enfants qui ont été touchés par ce phénomène grâce à leur vaccination n'aura fait qu'augmenter.

En outre, historiquement, seuls 1 % à 10 % au maximum du nombre réel de victimes de la vaccination sont inclus dans cette base de données. Cela s'explique en partie par le fait que les personnes qui tombent (mortellement) malades ou qui meurent quelque temps plus tard après avoir été vaccinées ne sont plus comptabilisées, et que les médecins et les chercheurs (comme en Europe et dans le reste du monde) sont fortement découragés de relier les cas de maladie à une vaccination, même si celle-ci vient juste d'être administrée.

Les personnes atteintes de myocardite doivent généralement être hospitalisées. Sur 285 patients enregistrés, 270 auraient été renvoyés chez eux. 15 d'entre eux sont encore à l'hôpital. Normalement, seuls 2 à 19 enfants âgés de 16 et 17 ans "devraient" avoir contracté une myocardite, mais le nombre réel (jusqu'au 31 mai) est de 79. Pour la tranche d'âge 18-24 ans, le nombre "accepté" est de 8 à 83, mais en réalité 196 personnes ont été touchées.

La FDA a enregistré 42 cas de myocardite/péricardite
dans les 42 jours suivant la vaccination chez 3,1 millions
de personnes âgées de 12 à 64 ans. Chez les plus de 65
ans, le nombre était de 1260. Les responsables fédéraux
et les médecins concernés considèrent que le nombre
d'effets indésirables, bien que plusieurs fois supérieur à
la normale dans tous les domaines, reste "acceptable",
et l'on s'attend donc à ce que la vaccination se
poursuive comme d'habitude. La seule solution
envisagée est de ne faire qu'une seule injection aux
enfants de moins de 20 ans, de réduire la dose ou
d'allonger le délai entre les injections.

**Félicitations, vous détruisez toute confiance dans tous
les vaccins pour une génération.**

Berenson, auteur de "Tell Your Children : The Truth
about Marijuana, Mental Illness and Violence", entre
autres livres, est consterné par les autorités :
"Félicitations, bande de crétins. Vous êtes sur le point
de détruire la confiance d'une génération dans TOUS les
vaccins et TOUTES les mesures de santé publique".

Eh bien, cette confiance a disparu depuis longtemps
chez un nombre croissant de personnes, M. Berenson,
comme le prouve le fait que les Américains ont dû être
persuadés dernièrement, à l'aide de tickets de loto
gratuits, de bonus et de toutes sortes de festivals de
prix, d'aller chercher leurs "shots".

Berens a analysé toutes les statistiques et a conclu que l'incidence des maladies cardiaques chez les enfants et les adolescents est jusqu'à 40 fois supérieure à la normale. Sans compter que la plupart des effets secondaires ne sont pas signalés, même s'ils sont graves.

L'auteur écrit qu'il est à l'origine d'un procès intenté par un élève qui poursuit son école privée pour avoir exigé que tous les élèves soient vaccinés contre le Covid-19. Un lecteur aurait déjà offert 25 000 dollars de soutien. Aux États-Unis, de nombreuses écoles et universités imposent déjà les vaccinations.

Israël : 275 cas

Le même jour (1er juin), le ministère israélien de la santé a signalé 275 cas d'infection cardiaque (là encore, principalement des jeunes hommes âgés de 16 à 30 ans) sur plus de 5 millions de vaccinations. Cela peut sembler peu, mais le même système d'enregistrement trompeur est utilisé ici : seules les personnes qui tombent malades peu de temps après leur vaccination sont comptabilisées, alors qu'il est scientifiquement connu depuis longtemps que des personnes peuvent tomber malades à la suite de vaccinations plusieurs mois, voire des années plus tard.

Chapitre 7 : Restrictions sur les vaccins ?

Depuis des années, les voyages aériens pour les gens ordinaires sont une épine dans le pied du culte mondialiste du climat et des vaccins. Aujourd'hui, il semble que des mesures soient prises pour y mettre fin une fois pour toutes, sous couvert de "santé" et de "sécurité". Les personnes vaccinées présentent un risque accru d'hémorragie cérébrale ou de crise cardiaque et des pilotes européens sont enfermés dans des chambres d'hôtel malgré leur vaccination.

Les compagnies aériennes d'Espagne et de Russie ont commencé à avertir les personnes vaccinées de ne pas prendre l'avion. Elles pourraient même se voir imposer une zone d'exclusion aérienne. La raison en est que les personnes vaccinées courent un risque accru de formation de caillots sanguins (TVP : thrombose veineuse profonde) dans les cabines pressurisées à haute altitude, et peuvent donc subir plus rapidement une hémorragie cérébrale ou une crise cardiaque.

Le CDC américain a publié sur son site web un avertissement général à l'intention des personnes qui voyagent plus de quatre heures en avion : "Plus de 300 millions de personnes voyagent chaque année sur des vols long-courriers (généralement plus de quatre heures). Les caillots sanguins, également appelés DVT (deep vein thrombosis), peuvent constituer un risque sérieux pour certains voyageurs longue distance... Toute personne qui voyage pendant plus de quatre heures, que ce soit en avion, en voiture, en bus ou en train, peut être exposée à un risque de caillots sanguins.

La fin de presque TOUS les voyages ?

L'ajout à cette liste de la voiture, du bus et du train (sans cabine pressurisée) amène beaucoup de gens à se demander si la secte mondialiste du climat-vaccin n'a pas l'intention, sous couvert de "santé" et de "climat", de mettre fin à presque TOUS les voyages (sauf pour eux-mêmes, bien sûr).

Au départ, il était prévu que seules les personnes vaccinées puissent à nouveau avoir accès aux vols internationaux. Maintenant qu'il s'avère que ces personnes courent en fait un risque accru, la question se pose de savoir s'il n'était pas prévu dès le départ de mettre fin à au moins 90 % des voyages aériens.

Les pilotes sont enfermés dans des chambres d'hôtel malgré les vaccinations

Malgré leurs vaccins, les pilotes et autres membres d'équipage en Europe sont enfermés dans des chambres d'hôtel dès leur arrivée à l'aéroport. Dans la plupart des cas, ils ne sont pas autorisés à quitter l'aéroport. En mars, l'Agence européenne de la sécurité aérienne (AESA) a recommandé que les pilotes vaccinés soient également mis en quarantaine pendant au moins deux jours avant d'embarquer.

Étant donné que les pilotes vaccinés passent beaucoup plus de temps "en l'air" et qu'ils sont donc encore plus exposés, on peut se demander si les voyages aériens ne sont pas devenus définitivement plus dangereux.

Les compagnies aériennes australiennes nient l'existence d'un risque plus élevé

L'économiste américain Martin Armstrong raconte qu'un de ses amis a été vacciné contre le Covid et qu'il a ensuite été victime d'un caillot de sang qu'il a dû faire enlever chirurgicalement.

Selon l'Evening Standard britannique, le risque est le même pour les personnes vaccinées et non vaccinées. Les compagnies aériennes australiennes affirment que ce n'est pas du tout le cas et que vous pouvez prendre l'avion si vous êtes vacciné. Bien sûr, la sécurité des gens ne les intéresse pas", répond M. Armstrong. Elles veulent juste rester à flot. Des décès dus à des caillots sanguins ont été enregistrés après que des personnes aient été vaccinées, sans prendre l'avion. D'autres ont constaté que les décès dus au Covid avaient souvent des caillots sanguins.'

Les politiciens n'admettront jamais leurs erreurs ; il n'y a plus personne en qui nous pouvons avoir confiance.

Comme pour tout ce qui concerne le Covid, il n'y a pas vraiment d'informations concrètes. Nous n'en aurons probablement pas non plus, car le gouvernement fait

passer le vaccin en force. Les politiciens n'admettront
JAMAIS leurs erreurs, peu importe le nombre de morts.
Ils ne peuvent pas être poursuivis, car ils contrôlent
l'ensemble du processus (judiciaire), et les médias
n'aident pas non plus."

Armstrong écrit qu'il préfère rester normal. *Si je ne dois
plus jamais quitter ma maison, tant mieux. De toute
façon, j'en ai assez de ce monde dérangé. J'attendrai
patiemment le champignon atomique qui élimine la
menace pour l'humanité et signale que tout est fini. Il
n'y a tout simplement plus personne dans les autorités
en qui nous pouvons avoir confiance*".

Chapitre 8 : Les États-Unis et la Chine travaillent-ils ensemble ?

Pourquoi la Chine n'a-t-elle PAS utilisé la technologie ARNm/ADN contestée dans ses propres vaccins ? - Directeur des NIH : "Le SRAS-1 et le MERS viennent aussi de là".

Encore une autre "théorie du complot" qui s'avère être un fait avéré, révélant ainsi un autre mensonge perpétué pendant des mois par les médias grand public et les politiciens. Le Dr Francis Collins, actuel directeur des National Institutes of Health (NIH) américains, a franchement admis dans une interview que les Américains et les Chinois ont collaboré pour rendre le coronavirus plus contagieux pour les humains ("gain de fonction") dans le laboratoire biohazard-4 de Wuhan. Le Dr Anthony Fauci, dont les ennuis ne cessent de s'aggraver en raison de ses nombreux mensonges désormais avérés, a nié devant le Sénat en mars que lui et son collègue Collins avaient financé la recherche sur le "gain de fonction" dans le laboratoire de Wuhan. Il semble maintenant qu'il ait commis un parjure à ce sujet.

Le SRAS et le MERS viennent de là.

Les déclarations de Collins sont également très compromettantes pour le Dr Peter Daszak, qui, par le biais de son alliance Ecohealth, a reçu des subventions importantes du NIH pour financer la recherche sur le

56

"gain de fonction" à Wuhan. Collins a expliqué en détail comment le NIH et l'Institut de virologie de Wuhan travaillent ensemble. Il a insisté sur le fait qu'il y a une "bonne raison" à cela, puisque le SRAS-1 et le MERS sont tous deux "originaires de là".

Mike "Natural News" Adams entend dire que le SRAS et le MERS proviennent du laboratoire de Wuhan, mais à mon avis, par "là-bas", Collins entend la Chine en général. En effet, le SRAS-1 est apparu pour la première fois en Chine en 2003. Sa propagation a ensuite été limitée à quatre autres pays.

Cependant, le MERS a été détecté pour la première fois en Arabie saoudite en 2012 (voir également notre article d'hier : Des revues médicales annoncent une nouvelle pandémie potentielle : MERS-CoV). Adams a donc raison de se demander, après tout, si "Collins a plus d'informations que ces coronavirus relativement nouveaux et mortels (SRAS, MERS) proviennent tous deux du laboratoire de Wuhan ?

La théorie de la conspiration s'avère être un fait avéré

Les docteurs Collins, Daszak et Fauci ont travaillé directement avec la tristement célèbre "femme chauve-souris", le docteur Shi Zhengli, qui est financée et récompensée par le Parti communiste chinois (PCC), selon les rapports de presse du laboratoire de Wuhan. L'institut de virologie de Wuhan est également le centre d'un "groupe de front uni" créé pour neutraliser toute opposition ou critique potentielle du PCC. Lorsque le laboratoire a été identifié comme une source possible du coronavirus l'année dernière, la Chine a bloqué une enquête de l'OMS à son sujet. Puis, pendant des mois, le Dr Fauci a proclamé des mensonges désormais avérés, et a même commis un parjure à ce sujet.

Il en va de même pour le Dr Daszak, régulièrement cité dans les médias occidentaux, qui ne cessait d'insister sur le fait qu'une origine artificielle du virus, c'est-à-dire une "fuite de laboratoire" - intentionnelle ou non - était une "théorie du complot". Les scientifiques qui soulignaient les nombreuses incohérences et les preuves factuelles que la théorie de la soupe de chauve-souris ou du marché aux fruits de mer, également acceptée comme "vraie" en Europe, est une pure absurdité, étaient attaqués avec virulence et noircis. C'est même arrivé à Luc Montagnier, découvreur du VIH et lauréat du prix Nobel.

La marche des "usines COVID".

Fauci, Daszak et d'autres scientifiques du système ont également tout fait pour injecter à l'ensemble de la population mondiale des "vaccins" expérimentaux de manipulation génétique, dont il est maintenant démontré qu'ils transforment les gens en "usines à pointes" ambulantes qui sont également "rejetées" (exhalées) dans l'environnement. Dans des articles précédents, nous avons souligné le nombre croissant d'études et de rapports scientifiques indiquant que ces "pointes" exhalées peuvent également nuire à la santé des personnes non vaccinées.

Si l'on met cela en relation avec les "dossiers Fauci" qui ont fait l'objet d'une fuite et dont il ressort que le coronavirus était déjà désigné en interne comme une "arme biologique" délibérément créée le 11 mars 2020, il en ressort un tableau terrifiant qui est probablement trop lourd à porter pour la plupart des gens.

Les vaccins chinois ne contiennent pas d'ARNm - pourquoi pas là-bas, et ici ?

Considérez ce qui suit : peu après le déclenchement de la pandémie de corona, la Chine a partagé avec le monde entier toutes les informations sur le virus (supposé) SRAS-CoV-2, y compris le plan complet de construction génétique. Sur cette base, de nouveaux vaccins basés sur la technologie de l'ARNm et de l'ADN, jamais utilisés ou testés sur des humains, ont été développés en Amérique, en Europe, en Russie et en Inde, avec lesquels la plus grande expérience médicale de l'histoire est maintenant menée en l'injectant à un maximum de personnes et même d'enfants.

Cependant, les vaccins chinois ne contiennent pas cette technologie ARNm/ADN. Là-bas, la société et l'économie fonctionnent normalement depuis un certain temps. Quelle pourrait être la raison pour laquelle les Chinois n'ont pas voulu injecter des instructions ARNm dans leur population ? Étaient-ils

peut-être pleinement conscients des risques
gigantesques que cela impliquerait ?

Une question encore plus importante : pourquoi l'a-t-on
fait et le fait-on ici ?

Chapitre 9 : Pas d'échappatoire ?

Un membre du gouvernement canadien a dévoilé une feuille de route mondiale vers un communisme totalitaire en octobre 2020 dans lequel personne ne possède rien et où tout le monde doit être vacciné obligatoirement !

Encore un pays qui confirme une tendance particulièrement inquiétante : après le début de la campagne de vaccination Covid-19, le nombre de malades et de morts explose à Taïwan. La même chose s'est déjà produite en Inde, au Chili et aux Seychelles, entre autres, où l'on a distribué plus de vaccins (AstraZeneca) que de personnes vivantes, après quoi il y a eu 146 fois plus de décès en 4 mois que de corona l'année dernière. Et comme nous l'avions prédit depuis si longtemps, les autorités refusent de désigner les vaccins comme la cause, même si le lien statistique est évident. Mais les "vaccins" - pardon : la thérapie/manipulation génétique expérimentale - sont désormais déclarés intouchables et sacro-saints, et on prétend donc bel et bien que c'est dû à une mutation.

Taiwan s'est débarrassé de la couronne au début de cette année. Le Covid-19 n'a pratiquement plus tué personne, il n'y a plus eu de malades et la vie a repris son cours normal - à l'exception des misérables masques buccaux, qu'il fallait encore porter dans les lieux publics. On ne peut qu'en deviner la raison, car il n'y avait pas de raison médicale.

Malgré le fait que l'énième virus respiratoire soit sous contrôle, le gouvernement a tout de même lancé une campagne de vaccination massive. Celle-ci a démarré très lentement à la mi-mars, mais à partir de mai, le nombre de personnes se faisant injecter des manipulations expérimentales d'ARNm/ADN a soudainement explosé.

EXACTEMENT à ce moment-là, le nombre de "cas" et de décès a également explosé.

Un membre du gouvernement canadien a révélé une feuille de route vers le communisme totalitaire en octobre.

L'animateur de radio américain Hal Turner cite une lettre ouverte d'octobre 2020 d'un membre du gouvernement canadien, que nous avions également publiée à l'époque. Voici à nouveau les parties les plus importantes de cette lettre :

Je veux vous donner des informations très importantes. Je suis membre d'un comité du Parti libéral du Canada. Je siège dans divers groupes de comités, mais les informations que je donne proviennent du Comité du plan stratégique (qui est contrôlé par le cabinet du Premier ministre)". Il s'agit du bureau du Premier ministre de gauche Justin Trudeau, dont le parlement s'est donné un pouvoir illimité et un mandat illimité sans élection tant qu'il y a une "pandémie". Trudeau est ainsi devenu le premier dictateur de facto du Canada.

Ils ont fait savoir très clairement que rien ne peut arrêter le résultat prévu. La feuille de route et les objectifs ont été établis par le Premier ministre et sont les suivants :" (période prévue : fin 2020 - fin 2021)

* "Introduisez progressivement les secondes restrictions de confinement. Commencez par les grandes zones urbaines, puis élargissez ;

* Obtenir ou construire des installations d'isolement dans chaque province à un rythme rapide ;

Augmenter rapidement le nombre de nouveaux "cas Covid" et de "décès Covid", de sorte que la capacité de test ne soit plus suffisante ;

* Deuxième lockdown complet et total en 2021, qui est beaucoup plus sévère que le premier au printemps 2020 ;

Présenter la mutation ou la "réinfection" prévue du Covid-19 avec un deuxième virus (éventuellement appelé Covid-21 (ou peut-être SARS-3 ou MERS-CoV)), conduisant à une TROISIÈME vague avec un taux de mortalité beaucoup plus élevé et un taux d'infection encore plus élevé ;

* Le système de santé est inondé de patients atteints de Covid-19 / Covid-21 ;

* TROISIÈME verrouillage avec des mesures encore plus strictes, comme l'arrêt complet de TOUS les déplacements (deuxième/troisième trimestre 2021) ;

* Mettre en place un revenu de base universel (pour les dizaines de millions de nouveaux chômeurs qui perdront définitivement leur emploi à cause de cette politique. Ce RBI sera entièrement numérique, vous permettant seulement de rester en vie et de regarder la télévision) ;

* Les lignes d'approvisionnement s'effondrent, pénuries majeures (magasins, supermarchés, en ligne, etc.), instabilité économique majeure, suivie par le chaos, la panique et la dislocation totale ;

Déployer l'armée et établir des points de contrôle sur toutes les routes principales. Les déplacements sont en permanence extrêmement limités (uniquement par laissez-passer/permission). (Troisième / quatrième trimestre 2021).

En fonction de la situation géopolitique, le calendrier pourrait encore changer (par exemple, 2021 pourrait aussi être 2022 ou 2023), mais "on nous a dit qu'afin d'initier cet effondrement économique réel à l'échelle internationale, le gouvernement fédéral va offrir aux Canadiens une annulation totale de la dette". Mais cela a un prix très élevé : quiconque le réclame renonce pour toujours à tous les droits à toutes les formes de propriété, et s'engage à prendre tous les vaccins proposés.

Dans un premier temps, les réfractaires devront vivre indéfiniment sous des restrictions très strictes, et donc rester chez eux en permanence. Mais cela ne durera qu'une courte période, car une fois que la majorité des citoyens auront fait la "transition" (vers l'esclavage permanent dans le cadre d'un système de contrôle global totalitaire communiste et transhumaniste), "les réfractaires seront considérés comme une menace pour la sécurité publique et transférés dans des installations d'isolement.
Ou, en d'autres termes, dans des camps de concentration.

Là, on leur donnera une dernière chance de "participer" au programme et de se faire injecter tous les vaccins. Dans le cas contraire, ils resteront définitivement enfermés et perdront tous leurs biens et leurs droits. En fin de compte, le Premier ministre a laissé entendre que l'ensemble de ce programme sera mis en œuvre, que nous soyons d'accord ou non. Et cela ne se passe pas seulement au Canada. Tous les pays auront des feuilles de route et des agendas similaires. Ils veulent profiter de la situation pour opérer des changements à grande échelle" (une remise à zéro financière avec la monnaie mondiale du FMI, le "Great Reset", "Build Back Better", l'Agenda 2030 des Nations Unies, le "Green New Deal").

Après l'effondrement économique provoqué à dessein, beaucoup des dizaines de millions de chômeurs adeptes du système seront avides d'un emploi en chemise brune au sein du gouvernement, après quoi ils imposeront le scénario ci-dessus à leurs concitoyens involontaires avec une cruauté impitoyable. Les amis, les voisins, les collègues, la famille et les proches, les étudiants et les écoliers se trahiront les uns les autres "pour le plus grand bien", et seront heureux que les "menaces pour leur santé" soient définitivement écartées. (Voir aussi : C'est ainsi que le Reichsmarschall Göring a fait dire au peuple : "Faites-leur peur et dites-leur que les réfractaires sont un danger") et la politique Corona déchire les familles et les amis, exactement comme cela se faisait en RDA).

C'est précisément parce que la plupart des gens refusent encore de croire que cela ne peut et ne veut plus se produire, que nous sommes plus civilisés de nos jours et que nous ne commettrons plus jamais de telles atrocités, que cela menace de se reproduire. La seule chose qui puisse arrêter tout ce processus, ce plan perfide préconçu, est une prise de conscience massive, suivie d'un NON massif (mais nous le répétons : définitivement non-violent !).

Chapitre 10 : La prochaine pandémie ?

Le MERS-CoV avait un taux de mortalité de 40 % en 2012 - variante africaine rendue contagieuse pour les humains par génie génétique - Répétition de 2020, complétée par des tests et des vaccinations obligatoires pour tous ? - Prévisible : les politiques et les médias accuseront les personnes non vaccinées.

Exactement selon le scénario que nous avons décrit à de nombreuses reprises depuis l'année dernière, les revues médicales annoncent la prochaine pandémie, maintenant que le Covid-19 semble être en voie de disparition : le MERS-CoV. On peut donc s'attendre à une répétition de tout ce qui s'est passé l'année dernière, de l'alarmisme délibéré à la propagande de désinformation dans les médias grand public et à une ruée vers le système de santé, après quoi des mesures "naturelles" seront prises, telles que de nouvelles fermetures strictes, complétées par des tests obligatoires et des vaccinations obligatoires pour tous. Car une fois encore, l'intention principale de cette pandémie semble être d'injecter à tout le monde une énième série de nouveaux vaccins expérimentaux.

Ne vous y trompez pas, ce n'est pas la dernière fois que le monde est confronté à la menace d'une pandémie", a déclaré M. Tedros devant l'Assemblée générale des Nations unies réunissant les ministres de la santé des 194 États membres au début de cette année. C'est une certitude évolutive qu'il y aura un autre virus ayant le potentiel d'être encore plus infectieux et mortel que celui-ci".

En effet, cet autre virus pourrait déjà arriver. Une équipe internationale de chercheurs a découvert que le syndrome respiratoire du Moyen-Orient (MERS) n'est qu'à quelques mutations de devenir une grave pandémie. Dans leur article, publié dans Proceedings of the National Academy of Sciences, ils décrivent leurs recherches sur plusieurs variantes du MERS.

Le MERS-CoV est apparu pour la première fois en Arabie saoudite en 2012, et serait particulièrement mortel. Environ 40 % des premiers patients sont morts de leurs infections, qui auraient été causées principalement par des dromadaires infectés. Et coïncidence ou non, on a également trouvé des preuves que des chauves-souris avaient infecté les chameaux. Selon les chercheurs, 80% des dromadaires testés (70% vivent en Afrique) ont désormais des anticorps dans le sang.

Une variante africaine rendue contagieuse à l'homme par génie génétique

L'épidémie de MERS-CoV n'a pas suscité beaucoup d'attention car il n'y aurait pas de contamination interhumaine. Les scientifiques ont cherché à savoir pourquoi un plus grand nombre d'Africains - étant donné leurs nombreuses interactions avec les dromadaires - n'avaient pas été infectés. Là-bas, le virus circule principalement chez les dromadaires du Maroc, du Nigeria, de l'Éthiopie et du Burkina Faso. Des échantillons ont été prélevés et il s'est avéré que les variantes présentes en Arabie se transmettent facilement d'une personne à l'autre, mais pas celles d'Afrique.

La différence entre les variantes se situe au niveau des acides aminés de la protéine S. En modifiant génétiquement la variante africaine pour qu'elle ait les mêmes acides aminés "arabes", ils ont réussi à rendre la variante africaine plus infectieuse pour les cellules humaines également. La grande question qui n'est pas posée, bien sûr, est la suivante : pourquoi vouloir faire cela ? Pourquoi vouloir rendre un virus (presque) inoffensif pour l'homme beaucoup plus infectieux, comme cela s'est produit avec le coronavirus ?

Quoi qu'il en soit, les chercheurs pensent que la raison pour laquelle les variantes du Moyen-Orient n'ont pas encore muté pour infecter de nombreuses personnes est que le commerce des dromadaires se fait presque exclusivement dans un seul sens, de l'Afrique au Moyen-Orient. Ils préviennent toutefois que si ce commerce s'inverse à un moment donné, ou si un autre animal devient également porteur et est commercialisé en Afrique, des mutations pourraient survenir et provoquer une pandémie mortelle. (1)

Virus dans le top 10 de l'OMS

69

Le MERS-CoV est très similaire au SRAS-1 et provoque également des symptômes respiratoires très graves. Chez l'homme, il présente encore un taux de mortalité de 35 %. Il n'existe pas encore de traitement ni de vaccin. Depuis 2012, plus de 2 100 personnes ont été infectées par le MERS-CoV, dont 813 sont décédées. Le virus figure désormais dans le top 10 de la liste des maladies émergentes de l'OMS qui doivent être étudiées avec la plus grande priorité (2).

SPARS = MERS-CoV ou SARS-3 ?

A la fin de l'année dernière, le possible successeur de Covid-19 était déjà annoncé : SPARS. Dans une simulation de l'université Johns Hopkins, cette pandémie se déclare en 2025 et dure jusqu'en 2028.

The SPARS pandemic 2025 - 2028 ; A Futuristic Scenario for Public Health Risk Communicators" (PDF, 2017) était une simulation similaire à l'"Event 201" d'octobre 2019, où chaque détail a été pratiqué sur la gestion d'une épidémie mondiale avec un coronavirus, qui, selon les prévisions de travail, tuerait 65 millions de personnes. Cette "simulation", comme vous le savez tous, est devenue une réalité à presque tous les égards (seul le nombre de décès, heureusement, reste loin derrière (encore ?)).

En fait, un document de la Banque mondiale indique que le "projet" actuel, appelé "Programme stratégique de préparation et de réponse (SPRP) Covid-19", durera jusqu'au 31 mars 2025. Ce n'est qu'à ce moment-là que le SRAS-CoV-2 / Covid-19 sera vraisemblablement déclaré définitivement "terminé", bien que le Covid puisse également être remplacé par le MERS-CoV dans l'intervalle.

Ensuite, le successeur pourrait commencer à apparaître immédiatement : SPARS, qui est une référence à la ville américaine de St.Paul où ce futur coronavirus apparaîtra pour la première fois selon la simulation. Ce nouveau virus sera bien sûr rebaptisé en 2025 ou autour de cette date, et pourrait aussi repartir en Asie, par exemple. Mais il pourrait aussi devenir le SRAS-3, qui est déjà prêt dans un laboratoire italien.

Il n'est donc pas improbable que le SRAS devienne en fait le SRAS-3 ou le MERS-CoV. 2025 n'était qu'une année fictive, qui pourrait tout aussi bien devenir 2023 ou plus tôt. La simulation SPARS parlait également d'un vaccin appelé COROVAX comme solution souhaitée pour stopper cette "pandémie", et qui serait introduit dans le scénario en juillet 2026. Trois ans après ce document de 2017, un vaccin COROVAX était littéralement en cours de développement.

C'est ainsi que les anti-vaxxers seraient convaincus.

Une similitude notable avec le SARS-CoV-2 / Covid-19 est que l'infection fictive par le SPARS (/ l'infection par le MERS-CoV ou le SARS-3 ?) est souvent suivie d'une pneumonie bactériologique grave (p. 57). Il décrit également comment une anti-vaxxiste bien connue "voit la lumière" après que son fils en bas âge ait développé une pneumonie sévère, et ne guérisse qu'après l'administration de médicaments réguliers. Les autorités utilisent ensuite des histoires de ce genre pour convaincre les opposants à la vaccination.

Similitude frappante avec 2020-2021 : "... plusieurs politiciens et représentants d'institutions influents ont été critiqués pour avoir fait du sensationnalisme sur la gravité de l'événement à des fins politiques...". Un vaste mouvement sur les médias sociaux, mené principalement par des parents d'enfants affectés au franc-parler, associé à la méfiance généralisée à l'égard des "Big Pharma", a soutenu le récit selon lequel le développement des MCM (vaccins) du SPARS était inutile et dirigé par certains individus à la recherche de profits."

Il a également fait état de "théories de la conspiration" selon lesquelles ce virus a également été créé intentionnellement, et/ou lâché délibérément sur la population par le gouvernement en tant qu'arme biologique (pg. 66). Pendant ce temps, les "Fauci Files", publiés même par les grands médias américains, ont révélé que le coronavirus a été qualifié en interne d'arme biologique délibérément créée dès le 11 mars 2020.

Les non-vaccinés seront bientôt directement accusés.

Les fabricants de produits pharmaceutiques, qui ont prouvé au cours de l'année écoulée à quel point la vaccination pendant une p(l)andémie peut être extrêmement rentable, sont occupés à développer de nouveaux vaccins. Fin mai, Bloomberg a cité GlaxoSmithKline (et son partenaire Sanofi), qui fabrique déjà la prochaine génération de vaccins Covid. Selon Roger Connor, responsable du développement des vaccins, une période d'essai d'un nouveau vaccin sur plus de 37 000 personnes devait commencer dès le mois de juin.

Compte tenu des réactions de plus en plus dures et souvent choquantes de la société à l'égard des personnes qui refusent de se faire vacciner contre le Covid-19 (les appels à la vaccination forcée se font de plus en plus pressants, et les premiers appels à mettre les réfractaires dans des camps ont également été entendus), nous pensons que nous avons dépassé depuis longtemps le stade de la "conviction" des anti-vaxx, et que bientôt, si cette prochaine pandémie survient effectivement, les politiciens et les médias passeront directement à la mise en cause ouverte et mensongère des personnes non vaccinées.

Supposons que les vaccins causent effectivement d'énormes problèmes de santé, comme le prédisent depuis des mois des scientifiques de haut niveau et d'autres experts (voir nos nombreux articles sur ce sujet). Il y aura alors une nouvelle ruée sur les soins de santé et les hôpitaux, après quoi des mesures sévères

seront à nouveau prises. À la télévision, des
"scientifiques" approuvés par le complexe pharma-
vaccins prétendront que ce n'est pas à cause des
vaccins, mais d'une mutation qui a pu apparaître grâce
aux personnes non vaccinées.

Chapitre 11 : Sars 3

Le Forum économique mondial, tout comme l'Organisation mondiale de la santé, s'est révélé être l'un des ennemis les plus véhéments de la liberté et de l'humanité.

Une cyberattaque planifiée (false flag) du WEF pour déstabiliser le système financier entre août 2021 et mars 2022 - Le prochain "virus tueur" sera-t-il le SRAS-3, qui a déjà été produit dans un laboratoire italien, ou le SPARS ?

L'élite mondiale du pouvoir a tellement de pouvoir grâce à la dévotion servile et à la crédulité naïve de 90 % de la population qu'aucun effort n'est fait pour cacher la réalité d'un grand scénario planifié et prédéterminé qui est en train de se dérouler.

Le directeur de l'OMS, Tedros Adhanom Ghebreyesus, un communiste convaincu, annonce maintenant ouvertement la prochaine pandémie, qui sera "plus contagieuse et plus mortelle" que Covid-19, comme vous le savez peut-être. Les entreprises pharmaceutiques se frottent les mains et ont déjà commencé à préparer et à tester la prochaine série de vaccins.

Ne vous méprenez pas, ce n'est pas la dernière fois que le monde est confronté à une menace de pandémie", a déclaré M. Tedros à l'Assemblée générale des Nations unies, qui réunit les ministres de la santé de 194 États membres. C'est une certitude évolutive qu'un autre virus émergera, beaucoup plus contagieux et mortel que celui-ci".

La "certitude évolutive" était un euphémisme pour dire "c'est ce que nous, comme Covid-19, avons laborieusement développé et planifié en collaboration avec le Forum économique mondial". L'autre virus est peut-être le SRAS, dont nous avons parlé plus tôt cette année et qui était censé arriver en 2025 (environ) ? S'agira-t-il du SRAS-3, qui a déjà été produit dans une installation italienne et qui pourrait être libéré sur le grand public à tout moment ?

Le nombre de morts diminue, mais nous ne sommes pas encore sortis d'affaire.

Bien entendu, le chef de l'OMS a dû déclarer que le nombre de cas et de décès liés au Covid-19 était en baisse constante depuis trois semaines. Agir autrement montrerait très clairement que les vaccinations ont l'effet exactement inverse dans des endroits comme l'Inde. Depuis le début des vaccinations, le nombre de décès quotidiens est passé de 100 à près de 4500 chaque jour. Les directives relatives au test PCR, largement surutilisé, ont été "secrètement" modifiées en janvier, soi-disant pour que les vaccinations aient l'air de réussir.

Des vaccins sont en cours d'évaluation.

Les entreprises pharmaceutiques, qui ont constaté l'année dernière à quel point la vaccination pendant une pandémie peut être rentable, travaillent déjà sur de nouveaux vaccins. Lundi dernier, Bloomberg a rapporté que GlaxoSmithKline (avec son partenaire Sanofi) travaille sur la prochaine génération de vaccins Covid. Une session d'essai utilisant un nouveau vaccin sur plus de 37 000 patients commencera dès la semaine prochaine, selon Roger Connor, chef du développement des vaccins.

Il est nécessaire de mettre la population à genoux.

On peut désormais affirmer que l'ordre mondialiste établi, dirigé par le Forum économique mondial, les Nations unies, l'Organisation mondiale de la santé, le Fonds monétaire international, l'Union européenne et l'alliance Gavi, et soutenu par presque tous les partis politiques, a lancé une attaque frontale contre l'humanité. Comme vous le savez peut-être, la phase 2 de cette pandémie a déjà été annoncée : une cyberattaque (sous fausse bannière) contre le système financier occidental (en faillite), ainsi que, éventuellement, contre l'approvisionnement en énergie, dans le but de mettre la population à genoux et de la forcer à accepter sans résistance le "Great Reset" communiste ("Build Back Better"), ou la "Quatrième révolution industrielle" dans le cadre de l'Agenda 21/2030 de l'ONU.

Le WEF a effectué des simulations, similaires à celle de la pandémie corona d'octobre 2019 ("Event 201"), pour voir comment mener au mieux une telle cyberattaque, qui coupera la population de ses comptes bancaires, éventuellement d'internet, et peut-être même (d'une partie) de son approvisionnement en énergie (et donc en transports et en nourriture) pendant des jours - peut-être des semaines - et comment tirer le meilleur parti des conséquences attendues.

Selon M. Armstrong, la récente cyberattaque contre le Colonial Pipeline aux États-Unis, qui aurait été bloqué par des pirates et ensuite libéré après avoir payé une extorsion de 5 millions de dollars, était également un test pour voir si la cyberattaque prévue contre le système financier pouvait être menée de cette manière. Ils peuvent maintenant faire valoir que les logiciels malveillants sont rentables et que le monde entier est en danger. C'est le scénario le plus probable à l'heure actuelle".

Cette menace semble être motivée par le désir d'achever la grande réinitialisation. Covid a été grossièrement gonflé, et ceux qui sont à l'origine des modèles bidons qui ont été utilisés pour aplatir l'économie mondiale ont tout à gagner à gonfler ce cyberdanger. La question est maintenant de savoir quand ils vont le faire. Est-ce que ce sera cette année ou l'année prochaine ?

Chapitre 12 : Suppression du système immunitaire

Le Covid-19 est "principalement une maladie vasculaire", selon les chercheurs - Circulation Research : Les lésions pulmonaires sont favorisées par une protéine de pointe - Votre système immunitaire travaille contre vous pour vous protéger du vaccin.

Dans une publication scientifique, des chercheurs du célèbre Salk Institute, fondé par le pionnier des vaccins Jonas Salk, admettent indirectement que les vaccins Covid provoquent des caillots sanguins potentiellement mortels et nuisent à la fois aux vaisseaux sanguins et au système immunitaire.

Nous avons noté en début de semaine qu'un nombre croissant de scientifiques de renom en viennent à penser que les vaccins constituent le plus grand danger pour la santé humaine.

Des milliers d'Européens et d'Américains ont déjà payé de leur vie, et des centaines de milliers de leur santé, leur participation "volontaire" à la plus grande expérience "médicale" de l'histoire.

En Occident, tous les vaccins Covid programment le corps humain pour qu'il crée la protéine spike, l'élément le plus mortel du prétendu virus SRAS-CoV-2, dans le but de protéger les humains contre les conséquences dommageables de la protéine spike.

En un mot, nous faisons fabriquer à votre corps quelque chose de nocif pour qu'il génère des anticorps contre ce même danger, mais nous n'avons aucune idée de la manière dont ce processus pourra être arrêté, ni même s'il le sera un jour.

Alors pourquoi ne pas prendre le "risque" de contracter le virus, dont il a été démontré qu'il ne rendait pas malade 99,7 % de la population, voire pas du tout ? Non, en 2021, ce raisonnement rationnel, historiquement non controversé, est soudainement dépassé. Nous ne pouvons plus compter sur notre système immunitaire naturel et devons plutôt compter sur ce qui est administré par une seringue.

La Covid-19 est principalement une maladie vasculaire, explique le chercheur.

L'industrie de la vaccination, les politiciens et les médias continuent d'insister sur le fait que la protéine spike est sans danger, mais le Salk Institute a maintenant établi que ce n'est pas le cas. Au contraire, les chercheurs du Salk Institute et d'autres collègues scientifiques avertissent dans la publication "The spike protein of the new coronavirus plays an extra crucial role in disease" que la protéine spike endommage les cellules, "ce qui confirme que le Covid-19 est en grande partie une maladie vasculaire."

Une autre protéine de pointe qui a fait tant de victimes ?

Bien sûr, il est interdit aux scientifiques de Salk de critiquer directement les vaccins. C'est pourquoi, selon leur article, la protéine de pointe produite par les vaccins se comporte très différemment de la protéine de pointe produite par le prétendu virus.

Tout d'abord, cela contredit les affirmations de tous les fabricants de vaccins selon lesquelles leurs vaccins créent la même protéine de pointe. Deuxièmement, cela jette un doute sur l'efficacité des vaccins, car si la protéine de pointe produite par les vaccins diffère considérablement de celle produite par le virus, quel est l'intérêt de la vaccination (en supposant, pour l'instant, que ces "vaccins" génétiquement conçus fonctionnent) ?

D'un autre côté, même les scientifiques pro-vaccins acceptent maintenant que la protéine de pointe est responsable d'un grand nombre de décès et de personnes souffrant d'effets secondaires majeurs et de dommages à long terme, souvent permanents, pour la santé. En d'autres termes, c'est une admission implicite que les vaccinations Covid-19 sont potentiellement mortelles.

La protéine de pointe provoque des lésions pulmonaires, selon une étude publiée dans Circulation Research.

81

"La protéine de pointe SARS-Cov-2 altère la fonction endothéliale en inhibant l'ACE-2", selon une étude scientifique publiée dans Circulation Research. L'intérieur du cœur et des vaisseaux sanguins est tapissé de cellules endothéliales. En diminuant les récepteurs ACE-2, la protéine spike "favorise les lésions pulmonaires". Les cellules endothéliales des artères sanguines sont endommagées, et le métabolisme s'en trouve perturbé.

Les auteurs de cette étude étaient également favorables à la vaccination, affirmant que les "anticorps générés par le vaccin" pouvaient protéger l'organisme contre la protéine spike. Essentiellement, la protéine de pointe peut causer des dommages importants aux cellules vasculaires, et le système immunitaire peut contrer ces dommages en combattant la protéine de pointe.

Le système immunitaire essaie de vous protéger CONTRE le vaccin.

En d'autres termes, le système immunitaire humain s'efforce de défendre le patient contre les effets négatifs et les contre-réactions du vaccin afin d'empêcher le patient de mourir. Toute personne qui survit au vaccin Covid le doit à la protection de son propre système immunitaire CONTRE le vaccin, et non au vaccin lui-même.

La vaccination est l'arme", conclut Mike "Natural News" Adams. Votre système immunitaire vous protège. Tous les vaccins Covid devraient être retirés du marché immédiatement et réévalués pour leurs effets négatifs à long terme, sur la base de cette seule recherche.

Selon les statistiques officielles du VAERS, le nombre de décès liés aux vaccins aux États-Unis en 2021 sera supérieur de près de 4 000 % au nombre total de décès liés aux vaccins en 2020.

Le vaccin saint n'est pas responsable d'une crise cardiaque ou d'une hémorragie cérébrale.

Le mécanisme suivant a été scientifiquement prouvé et est désormais établi : les vaccins Covid-19 incitent votre corps à fabriquer la protéine spike, qui peut provoquer des lésions vasculaires et des caillots de sang, lesquels peuvent se déplacer dans tout le corps et se retrouver dans divers organes (cœur, poumons, cerveau, etc.). Les personnes qui meurent à cause de cela sont appelées "crise cardiaque", "caillot de sang" ou "hémorragie cérébrale". Les sacro-saints vaccins ne peuvent et ne doivent jamais être mis en cause, quelles que soient les preuves actuelles qu'ils en sont la cause principale.

Les vaccinés semblent présenter un risque pour les non-vaccinés, en plus de la possibilité d'un préjudice permanent ou mortel pour leur propre santé. De nombreux "wappies" de la couronne qui ont récemment reçu leurs vaccins ont été transformés en "usines à pointes" ambulantes, et peuvent maintenant exhaler ces protéines de pointes. Ils peuvent ainsi infecter d'autres personnes par ce processus d'"excrétion".

Les vaccins contre les armes biologiques ont été créés par l'administration de l'apartheid contre la population noire.

Les vaccins sont utilisés depuis longtemps comme armes biologiques contre le grand public. Le gouvernement d'apartheid de l'Afrique du Sud a créé la technologie à la base d'une telle vaccination "auto-réplicative". À l'époque, les scientifiques développaient des vaccins "raciaux" dans le but d'éradiquer une grande partie de la population noire.

Cette année, l'école de santé publique Johns Hopkins Bloomberg a proposé d'utiliser un vaccin auto-répliqué pour "vacciner" automatiquement l'ensemble de la population mondiale. Des drones et des robots d'IA seraient ensuite utilisés pour appliquer et surveiller le programme.

Les personnes qui sont encore impatientes de s'inscrire dans une allée de vaccins qui seront génétiquement modifiés pour générer une protéine de pointe potentiellement mortelle semblent avoir été totalement trompées par les médias grand public et les politiciens du système. Ils ont été engourdis par tous les avertissements et les montagnes de preuves, et ils ne peuvent pas croire que le monde est dirigé par des monstres sans scrupules qui n'ont aucun scrupule à commettre le plus grand génocide potentiel de l'histoire de l'humanité.

Chapitre 13 : Passeports et puces

Une interview de 2016 de Klaus Schwab, haut responsable du WEF, dans laquelle il prédit que "d'ici 10 ans" une carte de santé mondiale obligatoire sera adoptée, et que tout le monde aura des puces implantées, ajoute à la preuve que le numéro de Covid-19 a été minutieusement préparé.

Schwab aurait travaillé sur un plan il y a au moins cinq ans pour créer une énorme épidémie de virus et l'exploiter pour établir des passeports sanitaires et les lier à des tests et des vaccinations obligatoires, le tout selon l'approche problème-réaction-solution. L'objectif est d'avoir un contrôle total sur l'ensemble de la population humaine de la planète.

**D'ici dix ans, nous aurons des micropuces implantées",
a déclaré Schwab il y a cinq ans.**

En 2016, un intervieweur francophone lui a demandé : "On parle de puces implantables ?" "Quand est-ce que ça va arriver ?".

"Absolument dans les dix prochaines années", a déclaré Schwab. Nous commencerons par les mettre dans nos vêtements. Nous pouvons ensuite imaginer les implanter dans notre cerveau ou notre peau. Le contremaître du WEF a ensuite commenté sa vision de la "fusion" de l'homme et de la machine.

À l'avenir, nous pourrons peut-être communiquer directement entre notre cerveau et le monde numérique. Nous observons une fusion des mondes physique, numérique et biologique". Il suffira de penser à quelqu'un dans le futur pour pouvoir le joindre directement à travers le "nuage".

Il n'y aura plus de personnes biologiques avec un ADN naturel dans le monde transhumaniste, qui deviendra enfin entièrement "numérique". Le "cloud" sera utilisé pour stocker les données de chacun.

L'humanité a commencé à être reprogrammée génétiquement.

L'ordre économique actuel sera détruit par le "Great Reset" de Schwab ("Build Back Better"). L'effondrement financier imminent sera exploité pour lancer un nouveau système mondial basé uniquement sur la monnaie et les transactions numériques. Ce nouveau système sera connecté au monde entier grâce à la technologie 5G. Les réfractaires seront interdits "d'achat et de vente", autrement dit, de vie sociale.

À la fin des années 2020, les " vaccins " à ARNm Covid-19 ont commencé à programmer et à manipuler génétiquement l'humanité afin de la rendre " apte " à être d'abord liée, puis intégrée, à ce système numérique mondial, qui, comme vous le savez, est selon moi le domaine biblique de la " Bête ".

Ces vaccins modificateurs de gènes ont le potentiel d'éliminer votre libre arbitre et votre capacité à penser par vous-même, ainsi que votre désir et votre capacité à vous connecter au monde spirituel.

Perspective chrétienne : l'humanité est coupée de Dieu

D'un point de vue chrétien, la reprogrammation de l'ADN humain par ces vaccins peut être considérée comme la dernière tentative de Satan pour séparer définitivement l'humanité de Dieu. Cela semble être la véritable explication de l'avertissement du livre biblique prophétique de l'Apocalypse selon lequel les individus qui portent cette "marque" périront.

Ce n'est pas simplement à cause d'une puce et d'une succession de piqûres ; c'est à cause de ce que ces piqûres feront à et en vous. En conséquence, Dieu ne pourra pas sauver ceux dont l'esprit (le libre arbitre) aura été reprogrammé pour une obéissance totale ("adoration"). Cela nécessitera Son intervention, car sinon, l'humanité dans son ensemble sera perdue à jamais.

Les faux enseignements ont aveuglé une grande partie du christianisme.

L'aspect essentiel de ce complot sournois, qui était en préparation depuis longtemps, était l'infiltration du christianisme avec une série de faux enseignements, dans le but de maintenir les croyants aveugles jusqu'à la fin des temps, en préparation de l'avènement et de l'établissement du règne de la Bête.

En effet, des dizaines à des centaines de millions de chrétiens, notamment en Occident, croient qu'ils n'auront jamais à vivre cette période. Même maintenant, alors que la mise en œuvre de ce système a commencé, la majorité des gens refusent de l'accepter. Avec leurs opinions pro-vaccination, la plupart des partis et des églises chrétiennes coopèrent ouvertement à cette "Grande Réinitialisation" vers le domaine de "la Bête". En termes théologiques, le Vatican en est le moteur le plus puissant et le plus convaincu.

"Mais nous avons été dupés !" n'est pas une excuse.

Peut-être qu'un parallèle biblique peut aider certaines personnes à comprendre ? Genèse 3, le récit de la création et de la "chute", tel qu'il nous est raconté aujourd'hui : Le serpent persuade Adam et Eve qu'ils n'ont pas le droit de "manger" la "pomme", en l'occurrence le signe, c'est-à-dire de ne pas se la faire piquer (test de la racine du "signe" : charagma = gratter/quelque chose avec une aiguille = piquer), mais le serpent les persuade que ce signe ne les damnera pas, mais fera d'eux des "dieux". Après avoir été persuadés par ce mensonge, leurs plaintes contre Dieu ("mais on nous a menti !") ont été vaines, et ils sont morts lentement et douloureusement. Ils auraient pu et dû savoir, ils n'avaient donc aucune justification.

Accepter "le signe", selon la Bible, entraîne une conséquence encore plus grave : la mort éternelle. Se laisser modifier génétiquement par des vaccins à ARNm, puis intégrer dans un réseau numérique mondial, c'est-à-dire renoncer à tout contrôle sur son corps et à son libre arbitre, c'est à chaque individu de décider si le danger en vaut la peine.

Chapitre 14 : Plus de liberté

L'administration fédérale américaine de la santé et de la sécurité au travail (OSHA) avertit les employeurs qu'ils seront tenus responsables de tout dommage causé à la santé de leurs employés s'ils sont tenus de se faire vacciner contre le Covid-19. Cette question pourrait devenir délicate en Europe également, puisque le gouvernement a rejeté par avance toute responsabilité gouvernementale et l'a mise sur le dos des prestataires de soins de santé. Si, en fin de compte, aucune agence ne veut assumer la responsabilité, alors, au regard des droits de l'homme, ces vaccinations ne peuvent pas être directement ou indirectement une condition pour obtenir ou avoir un emploi, ou pour accéder à des bâtiments et à des événements, comme c'est actuellement l'intention.

Si un travailleur américain est contraint de se faire injecter ces thérapies géniques expérimentales à base d'ARNm conditionnées sous forme de "vaccins" et qu'il devient ensuite aveugle ou paralysé, voire meurt, cette blessure sera considérée comme "liée au travail", ce qui rendra son employeur responsable. Les directives stipulent également que les employeurs sont tenus d'enregistrer les effets secondaires (graves) et les réactions indésirables consécutifs aux vaccinations Covid chez leurs employés.

La nouvelle directive de l'OSHA a été publiée le 20 avril et constitue une réponse aux entreprises et institutions qui avaient annoncé que tous leurs employés seraient tenus de se faire vacciner, comme le réseau des hôpitaux méthodistes de Houston. Ceux qui refusent seront d'abord suspendus, puis licenciés.

Les vaccins n'ont qu'une autorisation d'urgence

On s'attend à ce que cette organisation hospitalière et de nombreux autres employeurs soient poursuivis s'ils mettent en œuvre ces plans et que leurs employés tombent malades ou meurent. Selon le système d'enregistrement VAERS, près de 200 000 Américains ont déjà subi des dommages pour leur santé à cause des vaccins Covid-19, et près de 4 000 sont morts. Près de 20 000 ont subi des dommages graves (à long terme ou permanents) (maladies auto-immunes, paralysie, cécité, maladie musculaire SLA, Creutzfeld-Jakob, Alzheimer, etc.)

America's Frontline Doctors (AFLDS) prévient que les vaccins - comme en Europe - ne disposent que d'une autorisation d'urgence temporaire, et que pour cette seule raison, ils ne peuvent être imposés à quiconque. L'autorisation d'urgence de la Food & Drug Administration américaine stipule spécifiquement que les individus doivent avoir le libre choix d'accepter ou de refuser ces vaccins", explique LifeSiteNews. Nombreux sont ceux qui soulignent que tout licenciement pour refus de vaccins porte absolument atteinte à votre nécessaire liberté.

Toutefois, la Cour européenne des droits de l'homme a récemment statué que les vaccinations obligatoires étaient légales. Pourtant, même aux Pays-Bas, aucun travailleur ne devrait accepter automatiquement que son patron exige une vaccination contre le virus Covid-19 comme condition pour garder son emploi ou continuer à faire le travail pour lequel il a été engagé.

Chapitre 15 : Pas de soins de santé

Certains médecins sont tellement endoctrinés et terrifiés qu'ils rejettent la faute sur les malades eux-mêmes : "Mon employeur a exercé une forte pression sur moi pour que je sois vacciné".

The Highwire, le programme américain de santé sur Internet qui connaît la croissance la plus rapide et compte déjà plus de 75 millions de téléspectateurs, a récemment attiré l'attention sur une tendance inquiétante aux États-Unis, qui pourrait également se manifester dans d'autres pays occidentaux. En effet, de plus en plus de médecins refusent de traiter les personnes qui souffrent d'effets secondaires graves et de réactions indésirables après une vaccination avec un vaccin Covid-19. La raison en est évidente : l'establishment politique et pharmaceutique a effectivement canonisé ces vaccins manipulés génétiquement. Si des personnes tombent très malades ou même meurent à cause de ces vaccins - aux États-Unis, en 2021, il y aura déjà 4000% de plus de victimes des vaccins que durant toute l'année 2020 pour toutes les autres vaccinations combinées - alors les instructions sont que cela ne peut pas et ne doit pas être la faute du vaccin. Les médecins qui observent néanmoins cela doivent craindre pour leur emploi et leur carrière.

Certains médecins sont tellement endoctrinés qu'ils accusent les malades eux-mêmes. Ils traitent les personnes qui souffrent d'effets secondaires graves après une vaccination de patients atteints d'un "trouble de conversion", de peur de mettre dans leur dossier que le vaccin en est la cause probable. (Ou, en d'autres termes, "rentrez chez vous, ma petite dame, parce que c'est entre vos oreilles").

Le 4 janvier, mon employeur a exercé une forte pression sur moi pour que je me fasse vacciner", m'a raconté Shawn Skelton. Après avoir obtempéré, elle a immédiatement ressenti des effets secondaires tels que de légers symptômes grippaux. Mais à la fin de la journée, j'avais tellement mal aux jambes que je n'en pouvais plus. Quand je me suis réveillée le lendemain, ma langue tremblait, puis ça a empiré. Le jour suivant, j'ai eu des convulsions dans tout le corps. Cela a duré 13 jours.

Ils ont trop peur de nous soigner, disent-ils.

Un médecin m'a dit que le diagnostic était le suivant : "Je ne sais pas ce qui ne va pas chez vous, c'est pourquoi nous vous blâmons", a déclaré un autre. Skelton a développé. Les médecins ne savent tout simplement pas comment aborder les effets négatifs du vaccin à ARNm. Je crois aussi qu'ils en sont terrifiés. Je n'arrive pas à comprendre pourquoi aucun médecin ne veut nous aider.

Deux autres agents de santé, Angelia Desselle et Kristi Simmonds, ont vécu des expériences similaires. Elles aussi ont souffert de convulsions, et leurs médecins ont également refusé de les traiter. Un neurologue a rejeté le courriel de Desselle qui lui avait été adressé. C'était un spécialiste des troubles du mouvement, ce dont je pensais avoir besoin. Mon médecin traitant m'a dit qu'il semblait que je souffrais d'une maladie de Parkinson avancée. Mais il m'a répondu par courriel qu'il avait des tâches très complexes et qu'il ne pouvait pas me recevoir à ce moment-là.'

Les autres médecins lui ayant également fermé la porte, elle s'est rendue chez un neurologue sans mentionner qu'elle avait été vaccinée contre le Covid-19. Je ne voulais pas qu'on me renvoie à nouveau. Mais c'est dans mon dossier médical, et quand il l'a regardé, il m'a dit : 'Vous avez donc fait le vaccin ? Et j'ai répondu 'oui, mais je ne voulais pas vous donner cette information parce que j'ai besoin d'aide'. Maintenant, elle reçoit enfin un traitement pour ses crises de migraine.
En Europe, les médecins généralistes et spécialistes sont soumis à une réglementation stricte.

Nous ne savons pas si les médecins généralistes européens refusent également de traiter les patients vaccinés qui tombent malades. Il leur est toutefois interdit de prescrire aux patients (présumés) atteints de corona des médicaments dont l'efficacité et la sécurité ont été prouvées, comme l'hydroxychloroquine et l'Ivermectin. Rien ne devrait menacer le "saint" programme de vaccination de masse - récupération : programme de génie génétique, après tout.

**En Europe, les médecins généralistes et spécialistes
sont soumis à une réglementation stricte.**

Nous ne savons pas si les médecins généralistes
européens refusent également de traiter les patients
vaccinés qui tombent malades. Il leur est toutefois
interdit de prescrire aux patients (présumés) atteints de
corona des médicaments dont l'efficacité et la sécurité
ont été prouvées, comme l'hydroxychloroquine et
l'Ivermectin. Rien ne devrait menacer le "saint"
programme de vaccination de masse - récupération :
programme de génie génétique, après tout.

Au début de l'année, le gouvernement a fait porter
toute responsabilité des conséquences des vaccins
Covid sur les épaules des prestataires de soins de santé
et des personnes vaccinées. Il n'est donc pas
inconcevable que les professionnels de santé et les
spécialistes en Europe soient réticents à reconnaître, et
encore moins à traiter, les victimes de la vaccination en
tant que telles.

Chapitre 16 : Oser parler

La vaccination pendant une pandémie était auparavant considérée comme "impensable" dans le monde scientifique - jusqu'à l'année dernière. Une enquête a été ouverte sur les risques croissants d'infection et de décès chez les personnes vaccinées.

Les vaccins de masse mondiaux contre le Covid-19 sont "impensables", "inacceptables" et constituent une "erreur historique", selon Luc Montagnier, un virologue français qui a reçu le prix Nobel en 2008 pour avoir découvert le VIH. Les vaccins sont à l'origine de "variantes" et les individus meurent de la maladie à cause d'eux.

N'est-ce pas une énorme négligence ? Il s'agissait d'une erreur à la fois scientifique et médicale. Dans une interview traduite et publiée mardi dernier par la Fondation RAIR USA, Montagnier a déclaré : "C'est une erreur terrible." 'Cela sera documenté dans les livres d'histoire parce que les mutations sont causées par la vaccination.'

De nombreux épidémiologistes en sont conscients, mais ils restent silencieux à ce sujet, même lorsqu'il s'agit de questions bien connues comme le "renforcement dépendant des anticorps" : "Ce sont les anticorps du virus qui permettent à la maladie de s'aggraver", a déclaré Montagnier au début du mois dans un entretien avec Pierre Barnérias de Hold-Up Media.

Bien que des variantes (mutations) se développent naturellement (mais deviennent pratiquement toujours moins létales et donc moins dangereuses), les vaccinations Covid sont aujourd'hui les principaux moteurs de ce processus. Quelle est la fonction du virus ? Va-t-il mourir ou va-t-il trouver un autre moyen ? Les nouvelles variations sont clairement formées à la suite de l'intervention de certains anticorps".

Jusqu'à l'année dernière, la vaccination pendant les pandémies était considérée comme "impensable" dans le monde scientifique.

La vaccination pendant une pandémie était autrefois considérée comme "impensable" par la science, car il a été prouvé qu'elle augmentait le nombre de malades et de décès. Les vaccinations ont produit et entraîné de nouvelles variations. C'est un phénomène que l'on observe dans tous les pays ; c'est le même partout. Les vaccinations provoquent la mortalité dans tous les pays".

Des données de l'Institute for Health Metrics and Evaluation de l'Université de Washington ont été utilisées dans une vidéo pour mettre en évidence l'augmentation considérable du nombre de décès dans tous les pays où les vaccinations ont été mises en œuvre. Mme Montagnier a cité des données officielles de l'OMS montrant que depuis le début des vaccinations en janvier, non seulement le nombre de décès, mais aussi le nombre de nouvelles infections et de personnes malades ont augmenté de façon spectaculaire, "en particulier chez les jeunes".

Les infections et la mortalité après les vaccins sont en cours d'étude.

Selon le lauréat du prix Nobel, la thrombose (caillots sanguins) est l'une des raisons pour lesquelles de nombreux pays ont cessé d'utiliser le vaccin d'AstraZeneca. Il travaille également à une étude sur les personnes qui tombent malades à cause du coronavirus après avoir été vaccinées. Selon le CDC, au moins 5 800 Américains avaient été touchés par le virus en avril ; 396 d'entre eux ont été hospitalisés et 74 sont décédés.

"Je vais démontrer qu'ils développent des variations résistantes aux vaccins". Montagnier a fait la une des journaux en avril 2020 lorsqu'il a déclaré que le virus SRAS-CoV-2 devait avoir été créé dans un laboratoire. "La présence d'éléments du VIH et de germes du paludisme dans le génome du coronavirus est particulièrement suspecte. Ces caractéristiques du virus n'ont pas pu se développer spontanément." En juillet 2020, il publie une étude qui conforte son idée.

Y a-t-il un projet d'euthanasie de masse en préparation ?

L'argument selon lequel les vaccinations Covid-19 s'apparentent davantage à un programme d'euthanasie au ralenti, qui pourrait aboutir à court ou moyen terme à un génocide ouvert d'une ampleur sans précédent, semble de plus en plus justifié. Les personnes qui ont été récemment vaccinées et qui prétendent que "rien ne les dérange" oublient que les effets néfastes (graves) de la vaccination peuvent mettre des semaines, des mois, voire des années à se manifester.

Comme le virus n'a encore été isolé nulle part dans le monde, certains pensent que le "nouveau coronavirus" n'est qu'une vaste escroquerie destinée à injecter aux gens cette thérapie génique expérimentale. En conséquence, les bases d'une plateforme de programmation ARN-ADN transhumaine sont en train d'être posées, qui pourrait modifier, contrôler ou paralyser de façon permanente toute personne ayant reçu ces vaccins.

Chapitre 17 : Mandat de poison

Risque d'empoisonnement par le gaz phosgène mortel".

Les ingrédients du "vaccin" Moderna Covid-19 ont été rendus publics par le ministère de la Santé du Connecticut. D'après la notice, ce vaccin contient du "SM-102", qui, selon le fabricant, "n'est pas acceptable pour un usage humain ou animal". Le producteur, Cayman Chemical Company, a déclaré à l'OSHA que ce produit chimique provoque un "empoisonnement aigu" et est "fatal au contact de la peau". En cas d'exposition prolongée ou répétée, le SM-102 " endommage le système nerveux central, les reins, le foie et le système respiratoire. "

En bref, les personnes qui reçoivent ce vaccin peuvent s'empoisonner. Malgré cela, le gouvernement et les médias continuent de vanter la sécurité des vaccins.

La liste complète des ingrédients du département de la santé du Connecticut peut être consultée en ligne (archives ici) (miroir Natural News : formulaire de dépistage pré-vaccinal - V20, et liste des ingrédients du vaccin Covid-19 et calendrier des protéines de pointe).

Les directives du gouvernement à l'intention des établissements de soins de santé précisent en outre que le risque de choc anaphylactique lié aux vaccinations est si élevé que tous les sites de vaccination devraient disposer de médicaments contre les réactions indésirables graves. La perte de conscience, la désorientation, la confusion, la faiblesse, la diarrhée, la nausée, les vomissements, la vision en tunnel, la vision d'éclairs de lumière, les problèmes d'audition et la perte d'audition font partie des nombreux effets secondaires signalés. (Et ceci pour un virus qui est totalement inoffensif pour 99,7% de la population).

SM-102

Après avoir publié cette information, Hal Turner a reçu de nombreux courriels de personnes affirmant que les avertissements relatifs au SM-102 ne s'appliquent qu'au chloroforme, et non au vaccin Covid de Moderna. Le SM-102 est le troisième élément le plus courant dans la liste des ingrédients du "vaccin" Moderna, et c'est bien ce composant, selon la Cayman Chemical Company.

Empoisonnement mortel au gaz phosgène".

Le chloroforme, comme tout autre produit chimique, se dégrade. Lorsqu'il entre en contact avec l'oxygène, il se décompose en gaz phosgène ", qui est un " gaz très toxique (un mélange de monoxyde de carbone et de chlore) qui se liquéfie à +8 degrés ", selon le Grand dictionnaire Van Dale. À seulement 7 parties par million, il est mortel (7 parties par million).

Par conséquent, toute personne qui reçoit cette injection peut acquérir du chloroforme, qui peut ensuite se décomposer en gaz phosgène en circulant dans son corps. Certaines personnes, peut-être beaucoup, peuvent atteindre un seuil mortel de gaz phosgène dans leur corps et en mourir, peut-être dans les 180 jours suivant leur deuxième dose'.

L'empoisonnement au phosgène peut potentiellement conduire à la formation d'une embolie pulmonaire. Les poumons du patient se remplissent de liquide, ce qui l'empêche de respirer. C'est exactement ce qui est arrivé l'année dernière à de graves victimes du Covid-19, qui ont été hospitalisées et ont dû être maintenues en vie.

Quelle technique ingénieuse pour dépeupler le monde - personne ne s'en aperçoit.

Une fois que ces personnes se seront écrasées au sol comme des mouches, les mêmes personnes qui nous ont donné le vaccin pourront facilement mettre cela sur le compte d'une variation de Covid", conclut Turner. Il est tragique qu'ils soient morts à cause de cette mutation contre laquelle le vaccin n'a pas réussi à les protéger". Serait-ce le cas du "déni plausible" d'un meurtre de masse ? Prenez votre propre décision". (Ou alors c'est utilisé pour imposer un énième vaccin au public).

Turner conclut : "Quelle méthode fantastique pour dépeupler le monde. Personne ne s'en aperçoit car les décès et les piqûres se produisent sur une longue période, et les symptômes du gaz phosgène sont identiques à ceux du Covid.

L'histoire de Turner a rapidement été qualifiée de "désinformation" par le "vérificateur de faits" de Facebook, Leadstories.com. Étant donné que ce type de "vérificateurs de faits" a été une source majeure de désinformation à maintes reprises depuis l'année dernière, et semble avoir été mis en place uniquement pour donner un "cachet d'approbation" à la propagande mensongère des médias grand public, cela signifie presque automatiquement qu'il peut y avoir un grand noyau de vérité en 2021.

Dépliant sans contenu

Une infirmière avait auparavant remis à Turner des images de la notice obligatoire qui sera incluse dans les cartons de vaccination Moderna. Quand je l'ai vue, j'ai été horrifié", a déclaré le professionnel de santé. Pouvez-vous me dire où se trouve la liste des ingrédients ? En fait, il n'y avait rien. Je n'ai jamais injecté à un patient quelque chose qui ressemble à ça. Ils sont conscients du contenu.

En ce qui concerne les brochures d'information, connaissez-vous une seule personne vaccinée qui ait reçu ou téléchargé et lu une brochure avant le "vaccin" ? Les denrées alimentaires doivent contenir une longue liste d'ingrédients, sinon elles ne seront pas vendues. On peut dire la même chose de la plupart des médicaments et des biens de consommation courants.

Alors pourquoi faire une exception pour les vaccins ?
Pourquoi est-il aussi difficile que possible pour vous
d'apprendre ce que vous injectez dans votre corps et les
conséquences potentielles ?

Achèteriez-vous une soupe portant l'étiquette "Nous
saurons si les ingrédients sont sûrs dans trois ans" ?

Les partisans de la vaccination refuseraient-ils toujours
de l'envisager s'ils lisaient l'horrible notice du vaccin
AstraZeneca/Vaxzevria, qui se lit comme suit : "Contient
un adénovirus génétiquement modifié dérivé du
chimpanzé, produit dans des cellules rénales
embryonnaires humaines". Des OGM (organismes
génétiquement modifiés) sont présents dans ce
produit". ("Une dose unique (0,5 ml) comprend au
moins 250 millions d'unités infectieuses d'adénovirus de
chimpanzé, qui code pour la glycoprotéine de pointe du
SRAS-CoV-2, ChAdOx1-S.")

Qu'en est-il de la réalité noire et blanche selon laquelle
l'efficacité, la stabilité et la sécurité du vaccin ne doivent
pas être clairement démontrées avant le 31 mai 2022 ?
Ce n'est pas avant le 31 mars 2024, soit dans TROIS
ANS, pour les personnes âgées et les malades
chroniques (p. 16). Que feraient les partisans de la
vaccination s'ils allaient à l'épicerie acheter une boîte de
soupe et voyaient sur l'étiquette qu'on ne saura pas si
les composants de cette soupe sont sans danger pour
leur santé avant un an ou trois ? Ne décideraient-ils pas

alors : "On ne va pas le faire pendant un moment, on va prendre autre chose ?".

Chapitre 18 : Sang toxique

Pour l'instant, les Croix-Rouge du Japon et de Belgique n'acceptent pas les dons de sang de personnes ayant été vaccinées contre le Covid-19. Selon Jeffrey Kingston, responsable des études sur l'Asie à la Temple University, le Japon n'a pas oublié la crise des années 1980, lorsque le gouvernement a approuvé l'utilisation du sang de donneurs infectés par le VIH. Cela s'est produit en dépit du fait que l'on savait déjà que le chauffage pouvait tuer les particules virales dans le sang.

Seuls 2 % des Japonais sont encore totalement vaccinés - récupération : thérapie par manipulation génétique, contre 35 % aux États-Unis. Le gouvernement japonais, selon Kingston, est non seulement bureaucratique, mais aussi prudent. Il y a une période d'attente typique pour le don de sang après d'autres vaccinations. Elle est de 24 heures pour la grippe, le choléra et le tétanos, de 2 semaines pour l'hépatite B et de 4 semaines pour la rougeole, les oreillons et la rubéole.

Pour l'instant, la Croix-Rouge de Belgique n'accepte pas les dons des personnes qui ont été vaccinées.

La Croix-Rouge américaine autorise les personnes ayant reçu des vaccins coronavirus à ARNm à donner leur sang de la même manière que les personnes ayant été infectées par le coronavirus. Nous n'avons rien pu découvrir concernant les dons de sang sur le site de la

Croix-Rouge, nous pensons donc qu'ils peuvent continuer sans limitation.

À ce jour, il a été prouvé qu'aucun virus respiratoire n'est transmissible par le sang, y compris les coronavirus et le virus de la grippe. Par conséquent, donner et recevoir du sang est sans risque", peut-on lire sur le site de la Croix-Rouge de Belgique.

Cependant, contrairement au vaccin habituel contre la grippe, vous serez momentanément dans l'incapacité de donner après avoir reçu un vaccin corona. La durée dépend de la marque et du fait que vous ayez ou non des symptômes après avoir reçu le vaccin'. (Italique ajouté) De quels signes et symptômes s'agit-il ? Sûrement, si vous avez été vacciné, vous êtes en sécurité ? Ces vaccinations ne sont-elles pas "prouvées sûres" ?

Chapitre 19 : L'Inde s'effondre

Des millions d'Indiens se lavent dans les égouts à ciel ouvert du Gange, où des dizaines de corps sont désormais découverts chaque jour.

Le nombre de décès dus au Covid-19 chaque jour est passé de moins de 100 en janvier à plus de 4 500 en mai depuis que l'Inde a lancé sa campagne de vaccination. Le lien évident entre les vaccinations et l'autisme n'est plus discutable. Gardez également à l'esprit l'avertissement lancé par le directeur du RIVM, Jaap van Dissel, à la fin de l'année dernière, lorsqu'il prévoyait que les vaccinations "pourraient initialement augmenter la mortalité." Et c'est exactement ce qui se passe dans de nombreux pays, dont l'Inde, à grande échelle.

Des centaines de morts sont découverts chaque jour dans le Gange. Des milliers d'Indiens meurent chaque jour de maladies telles que la tuberculose, la typhoïde, la malaria, le choléra et la grippe, en raison des conditions sanitaires et nutritionnelles encore médiocres du pays.

Les personnes qui auraient reçu du Covid-19 semblent être plus sensibles aux infections fongiques autrefois rares que sont la mucormycose et le typhus des broussailles, qui profitent de la faiblesse du système immunitaire. Le typhus du maquis touche environ 1 million d'Asiatiques chaque année, mais la principale menace est la tuberculose (résistante aux médicaments), qui touche 2,8 millions d'Indiens chaque année et en tue 435 000.

Le nombre de décès monte en flèche après le début des vaccinations, passant de moins de 100 par jour à plus de 4 500 par jour.

Plus de 186 millions d'Indiens ont été vaccinés avec le vaccin Covid-19 depuis janvier. L'Inde se portait plutôt bien avant le début de la campagne de vaccination. Le nombre moyen de décès liés au Covid est passé de bien moins de 100 au cours des trois premiers mois des blocages mondiaux à environ 1000 en septembre et octobre 2020, avant de redescendre bien en dessous de 100 en janvier.

Puis les vaccinations ont été mises en place, et le nombre de décès est monté en flèche, passant à 1500 par jour en avril et à près de 4500 en mai. En fait, 3532 variantes de Covid circulent actuellement en Inde, toutes apparues presque immédiatement après le début des vaccinations.

Comment est-ce possible alors que deux tiers de la population ont déjà développé des anticorps, selon une société de tests privée ? En avril, la revue Nature a posé la même question. Pourquoi 45 fois plus de personnes meurent-elles soudainement aujourd'hui, si les vaccinations protégeaient déjà tant de personnes contre le Covid-19 ? Serait-ce dû à un renforcement dépendant des anticorps (ADE), qui a été mis en garde par un certain nombre de scientifiques et d'experts, et qui pourrait devenir un problème aux Pays-Bas à l'automne lorsque le corona et d'autres virus respiratoires reviendront ?

Les personnes qui ont été vaccinées sont plus sensibles aux grandes maladies et aux infections.

Non seulement les vaccins empoisonnent l'organisme des gens, les rendant plus sensibles aux conséquences infectieuses (interférence virale), mais ils entraînent également une défaillance du système immunitaire en cas de réexposition à des mutations de coronavirus "vivants" (ADE)", explique Mike "Natural Adams".

Selon Adams, les recherches cliniques ont indiqué que les vaccins Covid-19 rendaient les bénéficiaires plus vulnérables à des maladies plus graves. Le grand nombre de patients qui ont subi les effets indésirables de ces vaccins, notamment la fatigue, la fièvre, les problèmes de récolte, la léthargie, la paralysie, les caillots sanguins, etc., est la preuve qu'ils induisent des maladies importantes, affaiblissant davantage le système immunitaire.

Les "armes biologiques de l'auto-immunité".

Un programme de vaccination généralisé pourrait encourager les coronavirus à évoluer encore plus rapidement, ce qui entraînerait une modification accrue des protéines de pointe et, par conséquent, la création de nouvelles variétés. La variété B.1.617.2 qui se répand en Inde, selon les scientifiques britanniques, est 50 % plus contagieuse". Soit dit en passant, il s'agit d'un phénomène courant ; les virus qui changent deviennent toujours plus contagieux, mais presque toujours moins mortels. Toutefois, grâce aux vaccins, cette fois-ci pourrait être différente, comme semble l'indiquer le bain de sang en Inde.

En outre, ces vaccins agissent comme des armes biologiques contre les maladies auto-immunes, incitant l'organisme des personnes à fabriquer des protéines Spike, qui peuvent être libérées dans l'environnement et conduire à l'évolution rapide de particules virales infectieuses. Ensuite, les personnes non vaccinées sont exposées à une variété de protéines Spike provenant des personnes vaccinées. Cela pourrait expliquer pourquoi le nombre de décès en Inde a soudainement grimpé en flèche et pourquoi les corps sont rejetés en masse sur les rives du Gange".

Chapitre 20 : Contrôle total ?

Les premiers composants nécessaires à la transformation de l'ensemble de la race humaine en esclaves technologiques totaux sont déjà largement diffusés.

Les ondes radio et les champs magnétiques peuvent être utilisés pour rendre les cellules cérébrales et nerveuses sensibles. Le contrôle du comportement humain dans des endroits soumis à des rayonnements particuliers devient une réalité.

Des chercheurs américains ont créé une protéine magnétique qui peut être utilisée pour stimuler rapidement les cellules du cerveau (et vice versa). Cette nouvelle technique peut être utilisée pour réguler les zones du cerveau responsables de comportements compliqués.

Comme le développement de la protéine Spike est important pour les vaccins à ARNm contre le coronavirus, il est facile d'envisager qu'à l'avenir, ce type de vaccin comprendra un autre "programme" qui développe une protéine destinée à obtenir un contrôle externe sur notre comportement et nos pensées.

L'optogénétique est progressivement abandonnée au profit de la chimiogénétique.

L'optogénétique est l'approche la plus puissante. Des impulsions de lumière laser peuvent être utilisées pour activer ou désactiver des groupes de neurones associés. La chimiogénétique est une nouvelle approche qui a été créée récemment. Elle consiste à activer des protéines personnalisées avec des "produits pharmaceutiques de conception" (médicaments, vaccins) qui peuvent être ciblés sur certains types de cellules.

L'inconvénient de l'optogénétique est qu'elle nécessite l'introduction de fils de fibre optique dans le cerveau, qui ne peuvent pénétrer les tissus que de manière limitée. La chimiogénétique utilise des réactions biologiques pour activer les cellules nerveuses en quelques secondes. Il n'est plus nécessaire d'"ouvrir" le cerveau avec cette nouvelle approche.

Projet magnéto

Des recherches antérieures ont montré que les protéines des cellules nerveuses activées par la chaleur et la pression mécanique peuvent être génétiquement modifiées pour devenir sensibles aux ondes radio et aux champs magnétiques. Pour ce faire, il suffit de leur fixer une particule (para)magnétique ainsi que de courtes séquences d'ADN. Cette méthode a déjà été utilisée pour contrôler les niveaux de glucose dans le sang des souris.

Lors d'une expérience en laboratoire, la protéine "Magneto" créée s'est avérée capable d'être absorbée par des cellules rénales humaines. La protéine a ensuite été déclenchée à l'aide d'un champ magnétique. Lors d'un test ultérieur, la protéine "Magneto" a été intégrée dans le génome d'un virus, avec une protéine fluorescente verte et des séquences d'ADN qui ciblent exclusivement des types spécifiques de neurones. Ensuite, le virus a été introduit dans le cerveau de souris. Magneto y a été activé à l'aide d'un champ magnétique, amenant les cellules (du cerveau) à créer des impulsions nerveuses particulières.

Puis ce fut le tour des souris qui pouvaient se déplacer librement. Le magnéto a été injecté dans la région du cerveau qui contrôle la motivation et la récompense (neurones à dopamine). Les souris ont ensuite été séparées en groupes et placées dans une pièce où certaines étaient exposées à un champ magnétique et d'autres non.

On a constaté que les souris Magneto passaient beaucoup plus de temps dans la zone magnétique parce que les neurones à dopamine de leur cerveau étaient activés, ce qui leur donnait un sentiment de récompense lorsqu'elles étaient là. Ces résultats montrent qu'un comportement complexe peut être contrôlé, voire dirigé, par l'utilisation de neurones magnétiques situés dans les profondeurs du cerveau.

Steve Ramirez, neurologue à Harvard, est enthousiasmé par cette nouvelle stratégie. Cette méthode consiste en un seul et magnifique virus qui peut être injecté n'importe où dans le cerveau", explique le chercheur. Pour modifier le comportement des animaux (et plus tard des humains ?), il suffisait de les exposer à un champ magnétique.

Il est de plus en plus facile de contrôler son comportement dans une zone touchée par les radiations.

Maintenant que les humains de l'année 2021 se font injecter des instructions génétiques (ARNm) dans leur système sous le prétexte de "vaccins" pour produire une protéine (la protéine Spike), la prochaine étape consiste à ajouter d'AUTRES instructions à ces types de vaccins. Dans un discours prononcé en 2017, le CMO de Moderna a expliqué comment l'ARNm peut être utilisé pour modifier l'ADN des gens, faisant des "vaccins" à ARNm une plateforme par laquelle les humains peuvent être programmés.

Et il semble que c'est exactement ce qui sera fait, avec des protéines qui modifieront votre comportement lorsque vous vous trouverez dans une zone où certains rayonnements seront bientôt présents (comme la 5G). Jusqu'à ce que ce soit un fait accompli, les médias grand public ne manqueront pas de parler de "théorie du complot" ou de "désinformation". Protester n'a alors plus de sens, car vous ne pourrez ou ne voudrez probablement pas le faire en raison de cette nouvelle technologie.

117

Par conséquent, lorsque Klaus Schwab, directeur général du Forum économique mondial, a déclaré l'année dernière que vous "ne posséderez rien et serez heureux" d'ici 2030 (mais peut-être bien plus tôt), il était très sérieux. En fait, vous serez câblé pour être heureux, quelles que soient les circonstances. Certaines personnes semblent impatientes de renoncer à leur humanité, à leur indépendance d'esprit, voire à leur "âme", pour devenir des esclaves de systèmes sans volonté, programmés, contrôlés et gérés numériquement.

Chapitre 21 : Masquer les moutons

Les scientifiques estiment que les masques faciaux portés par le grand public présentent un risque d'infection - Depuis plus d'un siècle, toutes les expériences de pandémie ont démontré que les masques faciaux ne permettent pas de lutter contre les virus et sont inefficaces comme protection.

Récemment, les médias grand public ont publié triomphalement une étude prouvant que les masques faciaux sont efficaces. Cependant, un bref coup d'œil au commanditaire de l'étude a tout révélé : l'Institut Max Planck, qui est largement soutenu par le gouvernement allemand et l'Union européenne. Ce qui est aujourd'hui considéré comme de la "science" sera presque certainement "le pain de qui vous mangez..." en 2020 et 2021.

Par conséquent, nous ne pouvons plus nous attendre à des conclusions impartiales ou critiques de la part de ces types de chercheurs "nous, le canard WC..." ; au lieu de cela, ils se laissent exploiter, tout comme par le passé, pour approuver les programmes gouvernementaux. En fait, une récente méta-étude allemande exhaustive a conclu que les masques faciaux sont non seulement inefficaces mais aussi dangereux pour la santé.

Après une heure de lecture sur le site de l'Institut Max Planck, il est évident que les instituts et les scientifiques qui leur sont liés sont comme deux mains dans un même gant lorsqu'il s'agit de traiter avec le gouvernement. Il n'y a pas de notes critiques, et pas une seule étude ne contredit, même marginalement, les affirmations des autorités. Nous avons également lu une demande de faire plus pour combattre les voix anti-vaccins, comme les bannir d'Internet, afin de le rendre plus "démocratique"...

L'Inquisition est revenue sous un autre nom

L'Église catholique, politiquement puissante, a traîné Galilée devant l'Inquisition au début du 17e siècle parce que, comme Copernic au 16e siècle, il affirmait que la terre, comme les autres planètes, tourne autour du soleil (vision héliocentrique du monde), et que nous ne sommes pas le centre de l'univers (vision géocentrique du monde). Pour "prouver" qu'il avait tort, plusieurs "scientifiques" établis et des thèses "scientifiques" et théologiques ont été cités. Ce n'est qu'en 1992 que le pape de l'époque, Jean-Paul II, a présenté ses excuses et que le Vatican a nettoyé son nom.

Les masques faciaux sont inefficaces et (très) dangereux pour la santé, selon une méta-étude.

Cependant, il existe encore des scientifiques qui n'ont pas vendu leur âme au diable. Par exemple, une récente méta-étude allemande a confirmé ce que l'on sait depuis plus d'un siècle : les masques faciaux sont inefficaces et nuisibles pour la santé. Vingt-deux des 44 recherches scientifiques qui ont trouvé des effets néfastes substantiels des masques faciaux ont été publiées en 2020, et vingt-deux de ces études ont été publiées sous Covid-19. Il y avait 31 études expérimentales et 13 études d'observation au total. Les célèbres masques faciaux bleus et les masques buccaux N95 ont attiré 68 % de l'attention.

L'épuisement, la confusion et la maladie sont causés par une augmentation de la difficulté respiratoire, de la fréquence cardiaque et de la pression sanguine.

Le port d'un couvre-bouche chirurgical (bleu) par des travailleurs de la santé en bonne santé (18 à 40 ans) entraîne des effets physiques mesurables, avec une augmentation des valeurs de CO_2 transcutané (à travers la peau) et des changements significatifs dans la composition du sang après seulement 30 minutes, selon une étude croisée randomisée publiée en 2005. L'augmentation considérable du CO_2 "respiré" entraîne une augmentation de la résistance respiratoire, obligeant le corps à fournir un effort de plus en plus important, ainsi qu'une forte augmentation de la fréquence cardiaque.

Les effets négatifs peuvent sembler mineurs au premier abord, mais le port régulier d'un masque facial représente une charge physique croissante. Selon l'avertissement, les masques faciaux devraient avoir des répercussions sur les maladies à long terme. L'hypertension artérielle, l'artériosclérose, les maladies cardiaques (syndrome métabolique) et les maladies neurologiques ne sont que quelques-uns des effets secondaires inévitables d'une utilisation prolongée des masques buccaux.

Une augmentation même minime du CO_2 dans l'air inhalé provoque des maux de tête, des problèmes respiratoires (asthme), une élévation de la pression artérielle et du rythme cardiaque, ce qui entraîne des lésions des vaisseaux sanguins, et enfin des troubles neuropathologiques et cardiovasculaires. Une pression respiratoire légèrement élevée sur une longue période de temps a un effet similaire. Les niveaux élevés de CO_2 sont particulièrement dangereux pour les femmes enceintes, car ils nuisent à l'irrigation sanguine du placenta.

Les attaques de panique, l'hyperventilation, les difficultés cognitives et les maux de tête sont autant de symptômes du stress.

Il a été établi au-delà de tout doute raisonnable que les masques faciaux causent des dommages importants et, à long terme, durables à la santé. L'hormone du stress, la norépinéphrine, est libérée très instantanément par le cerveau humain en réponse à un faible niveau d'oxygène et à une consommation de CO_2 légèrement accrue. Il suffit d'un taux de CO_2 de 5 % pour provoquer une crise de panique en 15 à 16 minutes, selon des expériences de provocation par l'air expiré. La concentration habituelle de CO2 dans l'air expiré est d'environ 4 %.

Selon des neurologues des États-Unis, du Royaume-Uni et d'Israël, les masques buccaux sont contre-indiqués pour les épileptiques, car ils peuvent provoquer une hyperventilation. En effet, le port d'un masque facial peut augmenter le rythme respiratoire de 15 à 20 %.

L'utilisation d'embouts buccaux a provoqué chez 71,4 % des 343 employés du secteur de la santé à New York des symptômes physiques (maladies) reconnus. Pire encore, 28 % avaient des problèmes de santé chroniques pour lesquels ils devaient prendre des médicaments.

Dans le cadre de Covid-19, toutes les variétés de masques faciaux ont été évaluées en profondeur en 2020. Conclusion : Après seulement 100 minutes, ils créent de graves problèmes de réflexion et de concentration, qui sont produits directement par la diminution de la teneur en oxygène dans le sang. Une autre étude a découvert que les masques faciaux sont directement responsables de plus de la moitié des maux de tête ressentis par les utilisateurs de masques faciaux.

Infections et affections cutanées

Comme les bonnets recouvrent les voies respiratoires, la température du corps s'élève et l'humidité augmente, ce qui modifie radicalement l'habitat naturel de la peau.

De nombreuses personnes ont la peau rouge, sèche et qui démange, ainsi qu'une production excessive de sébum (acné). Cela aggrave et prolonge les troubles cutanés, rendant les personnes plus sensibles aux infections. En effet, les masques bleus et les masques N95 permettent aux germes, aux champignons et aux virus de se multiplier rapidement à l'intérieur et à l'extérieur des masques (qui sont saturés après seulement 10 à 15 minutes et ne fonctionnent plus de toute façon).

La peau de votre visage n'est pas censée rester cachée pendant de longues périodes. Un grand nombre de personnes connaîtront des problèmes de peau indésirables maintenant qu'il est de toute façon nécessaire de le faire.

Préjudice psychologique important, en particulier chez les enfants

Des dommages psychologiques ont été documentés, en plus des nombreuses répercussions physiques et de la diminution substantielle de la qualité de vie - car même les activités quotidiennes habituelles comme manger, boire et converser sont gravement affectées. Les masques faciaux provoquent une sensation de perte de liberté et d'autonomie (ce qui peut très bien être l'objectif de l'obligation de port), ce qui peut conduire à une rage réprimée et à une distraction continue inconsciente, d'autant plus que les masques faciaux sont souvent imposés par d'autres personnes.

Les masques faciaux portent atteinte aux droits fondamentaux de l'homme, tels que l'intégrité personnelle, le droit à l'autodétermination et l'autonomie, en plus de causer de l'inconfort et d'entraîner la perte de certaines capacités psychomotrices, cognitives et mentales, ainsi qu'une réduction de la réactivité. Les masques faciaux sont particulièrement préjudiciables aux enfants, qui ressentent souvent de l'inquiétude et de la tension à cause d'eux. De nombreux jeunes se sentent malheureux, se replient sur eux-mêmes et s'engagent moins dans la vie. (Une génération entière de jeunes et d'adolescents a ainsi été gravement lésée).

Les médias, tant aujourd'hui que par le passé, ont joué un rôle très néfaste.

Les sentiments dépressifs sont très répandus, puisque 50 % des porteurs de lunettes interrogés en font l'expérience. L'inquiétude est exacerbée par les reportages souvent exagérés et partiaux des médias grand public. Selon une étude, seulement 38 % de la couverture médiatique de la pandémie d'Ebola en 2014 contenait des faits scientifiques, et 42 % exagérait (de manière significative) le danger. Un pourcentage choquant de 72 % des pièces médiatiques étaient conçues pour que les téléspectateurs se sentent plus mal dans leur santé.

Nous n'avons pas encore de chiffres précis, mais nous pensons que d'ici 2020, seuls 10 % des reportages contiendront des faits scientifiques, et 90 % feront (sérieusement) l'apologie du danger que représente le coronavirus. Et, à quelques exceptions près, tous les médias grand public étaient et sont coupables d'instiller des sentiments de peur et d'incertitude 24 heures sur 24, 7 jours sur 7.

Les masques faciaux sont un symbole de pseudo-solidarité et de conformité".

Selon les scientifiques cités dans l'un des documents analysés, les masques faciaux sont devenus "un symbole de conformité et de pseudo-solidarité". L'OMS, par exemple, met exclusivement l'accent sur les "avantages" ostensibles du port de masques faciaux et tente de créer chez les porteurs la (fausse) croyance qu'ils aident à combattre un virus.

Conclusion de la méta-étude : "Les effets indésirables et potentiellement radicaux observés dans des domaines multidisciplinaires soulignent la portée générale des décisions mondiales d'introduire des masques faciaux...". Selon la littérature, il existe des conséquences indésirables sans équivoque et scientifiquement étayées pour les porteurs de masques faciaux, tant sur le plan physique que psychologique et social.

Il n'y a aucune preuve scientifique que le virus a été éradiqué.

Ni l'OMS, ni l'ECDC (Centre européen de prévention et de contrôle des maladies), ni les instituts nationaux (tels que le RIVM) n'ont prouvé, à l'aide de données scientifiques fondées, que les masques faciaux ont des conséquences positives pour la population (dans le sens d'une réduction de la propagation du Covid-19)", peut-on lire dans le jugement sévère sur les masques faciaux.

Les autorités sanitaires nationales et internationales ont imposé à la société leurs jugements théoriques sur les masques faciaux, contrairement à la norme scientifiquement établie de la médecine fondée sur les preuves, même si le port obligatoire des masques faciaux crée un sentiment de sécurité trompeur".

Les masques faciaux portés par le grand public présentent un risque d'infection.

Du point de vue de l'épidémiologie infectieuse, l'utilisation régulière des masques faciaux expose les porteurs au danger de l'auto-contamination par l'intérieur et l'extérieur (des masques faciaux), ainsi que par les mains contaminées. En outre, l'air expiré provoque la saturation des masques faciaux, ce qui permet aux produits chimiques responsables de l'infection de s'accumuler à l'intérieur. Cette tendance peut être mise en évidence par l'augmentation remarquable des rhinovirus dans la recherche Sentinelle du RKI (Institut national allemand de la santé publique et de l'environnement) à partir de 2020.

Les masques faciaux portés par le public sont considérés comme un risque d'infection par les scientifiques, car les règles d'hygiène standardisées dans les hôpitaux ne peuvent pas être suivies par la société". En plus de cela, l'obligation de "parler plus fort sous un masque facial entraîne une production accrue d'aérosols (l'effet d'atomisation)" (qui peut être mesuré jusqu'à 20 mètres de distance, et qui rend automatiquement toute la distanciation sociale complètement inutile, puisque les masques faciaux sont donc saturés après seulement 10 - 15 minutes et ne fonctionnent plus de toute façon. Et qui remplace son masque facial toutes les 10 minutes ?).

Les masques faciaux ne sont d'aucune aide dans les épidémies modernes.

Les masques faciaux utilisés quotidiennement n'ont pas donné les résultats escomptés dans la lutte contre les infections virales lors des pandémies de grippe de 1918-1919, 1957-1958, 1968, 2002, et avec le SRAS 2004-2005, ainsi que lors de la grippe de 2009 (grippe porcine).

Ces expériences ont donné lieu à des études scientifiques, qui ont conclu en 2009 que l'utilisation quotidienne de masques faciaux n'avait aucun effet antiviral notable. Plus tard encore, des scientifiques et des instituts ont déterminé que les masques faciaux étaient inefficaces pour protéger les utilisateurs contre les infections respiratoires virales. Les masques chirurgicaux, même lorsqu'ils sont utilisés dans les hôpitaux, ne présentent pas de preuves solides de prévention des virus.

Comme toujours, aucun avantage favorable sur les infections ou les maladies n'a été détecté dans une comparaison pratique entre la Suède et le Belarus d'une part et le reste de l'Europe, ainsi que les États-Unis (entre les États avec et sans masques obligatoires).

Chapitre 22 : Les victimes des vaccins

Des milliers de décès évitables dus au Covid, et des milliers déjà dus aux vaccins " - L'Inde stoppe l'explosion des décès suite aux vaccinations à l'ivermectine et à l'hydroxychloroquine - Pourrait-il en être de même ici avec les mêmes vaccinations si de telles procédures sont utilisées en Amérique ?

Le professeur Dr Peter McCullough, l'une des plus grandes autorités mondiales en matière de traitement du Covid-19, a accusé le gouvernement américain de dissimuler un "nombre inimaginable" de victimes du vaccin dans une interview.

C'est exactement le scénario que nous prévoyons depuis près d'un an : les vaccins produisent un nombre énorme de nouvelles victimes, qui sont ensuite attribuées à une variation de Covid ou à une autre cause de décès, comme c'est très probablement le cas, par exemple, en Inde. Cela pourrait-il être le cas ici aussi, si de telles techniques sont déjà utilisées en Amérique pour persuader le plus grand nombre de personnes possible de prendre ces "vaccins" ?

Nous sommes maintenant contrôlés par la même élite du pouvoir (WEF, ONU/OMS, Gavi/Gates, Big Pharma).

Grâce au système d'enregistrement des vaccinations VAERS aux États-Unis, le nombre de décès par vaccination signalés approche les 5 000, alors qu'il était d'environ 1 % à 10 % maximum du nombre réel par le passé. Au 15 mai, environ 11 500 personnes ont été blessées dans l'UE, avec plus de 630 000 personnes blessées des deux côtés de l'Atlantique et des dizaines de milliers d'autres personnes malades ou en incapacité permanente. Le nombre de victimes de vaccins étant des milliers de fois supérieur à celui de tous les autres vaccins réunis, une étude détaillée est généralement nécessaire.

Un médicament est normalement retiré du marché après 50 décès.

Tout nouveau médicament qui connaît cinq décès inexpliqués fait l'objet d'un avertissement "boîte noire", et on entend alors aux informations que ce médicament peut vous tuer", explique M. McCullough. Et après 50 décès, le médicament est retiré du marché", explique l'auteur.

Lors de la pandémie de grippe porcine de 1976, les États-Unis ont cherché à vacciner 55 millions de personnes, mais l'effort a été interrompu après que 25 personnes soient mortes et que 500 personnes aient été rendues infirmes par le vaccin.

Or, c'est exactement le contraire qui se produit en Amérique et en Europe : plus le nombre de victimes augmente, plus les autorités exercent une pression sur la population pour qu'elle se fasse vacciner. Et tout cela avec des substances qui n'ont été approuvées qu'à titre

131

provisoire et dont les producteurs ne devront prouver la "sécurité" que dans quelques années.

Il serait impossible pour les médecins de la fonction publique de certifier que les décès n'ont pas été causés par les vaccinations dans un laps de temps aussi court".

Les chiffres sont même volontairement falsifiés, selon l'éminent universitaire. À la fin du mois de mars, 2 602 décès liés à des vaccins avaient été enregistrés aux États-Unis. La FDA a ensuite déclaré que 1 600 décès avaient fait l'objet d'une "enquête" menée par des médecins anonymes du gouvernement, qui étaient parvenus à la conclusion qu'aucune de ces personnes n'était décédée à cause du vaccin.

C'était troublant", a déclaré M. McCullough. Il sait par expérience qu'il faut normalement des mois pour mener à bien une telle enquête, et non quelques jours ou semaines. J'ai été président et j'ai participé à des dizaines de comités de surveillance de la sécurité [...] et je peux vous dire qu'il est impossible que des médecins inconnus de la fonction publique, sans aucune expérience du Covid-19, puissent déterminer qu'aucun de ces décès n'est dû au vaccin".

Beaucoup plus de gens meurent en réalité.

Étant donné que seuls 1 à 10 % des décès dus aux vaccins sont rapportés historiquement, comme le valide

une étude de Harvard, beaucoup plus de personnes mourront en réalité que ce qui est rapporté dans les estimations officielles, et certainement pas 0.
Étant donné que seuls 1 à 10 % des décès dus aux vaccins sont rapportés historiquement, comme le valide une étude de Harvard, beaucoup plus de personnes mourront en réalité que ce qui est rapporté dans les estimations officielles, et certainement pas 0.

Comparez cela à la vaccination contre la grippe. Chaque année, le VAERS rapporte 20 à 30 décès, sur 195 millions de vaccinations. Avec Covid-19, les Etats-Unis en étaient déjà à 2602 décès pour 77 millions de vaccinations, de loin le chiffre le plus élevé de toute l'histoire des vaccins. Malgré cela, pas un seul politicien établi ou journaliste dans les médias de masse ne demande une enquête indépendante. Pire encore, les rares qui le font sont immédiatement stigmatisés et honnis.

On estime que 85 % de toutes les vies perdues auraient pu être sauvées.

L'expert de Covid pense que les milliers de morts (environ 16000 dans l'UE et aux États-Unis à la mi-mai, certainement au moins 1000 à 2000 de plus maintenant) et les centaines de milliers de malades et de blessés vont se poursuivre indéfiniment. De plus, il a déclaré devant le Sénat américain le 19 novembre 2020 que "nous pensons maintenant que jusqu'à 85% des vies perdues auraient pu être sauvées avec un régime multi-drogues."

Cependant, ces médicaments dont l'efficacité et la sécurité ont été prouvées sont strictement interdits en Amérique, en Europe et aux Pays-Bas pour les patients (présumés) atteints de Covid-19. Les médecins généralistes peuvent être condamnés à une amende de 150 000 euros s'ils prescrivent de l'Ivermectin.

Le gouvernement est complètement dans le sac de Big Pharma et des institutions contrôlées par Bill Gates comme l'OMS, et a décidé dès le départ que seul un vaccin pourrait apporter le "salut".

L'Inde utilise l'Ivermectin et le HCQ pour mettre un terme à la mortalité.

L'Inde a commencé à utiliser l'Ivermectin et l'hydroxychloroquine, bien contre les intérêts de l'OMS et de Big Pharma (HCQ). En conséquence, l'énorme augmentation du nombre de décès suite à l'introduction des vaccinations a maintenant pris fin.

Les grands médias ont reçu l'ordre de ne pas publier de critiques sur les vaccins.

En revanche, tous les médias grand public ont reçu pour instruction de présenter ces médicaments sous un jour négatif et de ne publier (presque) aucun reportage critique sur les vaccins. À la demande du gouvernement, ils s'efforcent même de générer le plus d'anxiété possible en Europe.

Cette censure flagrante et cette corruption totale des médias relèvent de l'initiative "Trusted News", à laquelle participent non seulement les géants des médias sociaux tels que Facebook, Google/YouTube et Twitter, mais aussi les grandes agences de presse AP, Reuters et AFP, ainsi que la BBC, CBC, l'UER (Union européenne de radio-télévision), Microsoft et le Washington Post. Les faits concernant le côté sombre des vaccinations expérimentales par thérapie génique devraient être qualifiés de "désinformation dangereuse" par les médias grand public.

Puisqu'elle entraîne tant de décès évitables, comment peut-on l'étiqueter autrement que comme du fascisme médical ou même du terrorisme médical ?

Si les citoyens recevaient "n'importe quel type de nouvelles honnêtes et équilibrées sur la sécurité", a conclu M. McCullough, "ils ne prendraient tout simplement pas ce vaccin". L'initiative "Trusted News" est vraiment inquiétante, car nous connaissons actuellement un nombre record de décès, qui augmente quotidiennement".

Le gouvernement et Big Pharma ont un lien symbiotique.

Le médecin de renom a affirmé que le gouvernement et Big Pharma entretiennent une relation incestueuse, qui interdit aux organismes de réglementation tels que l'OMS de pouvoir, vouloir ou pouvoir émettre un jugement objectif. Les National Institutes of Health américains, par exemple, sont copropriétaires du brevet Moderna. Il a donc une incitation financière à vendre et administrer autant de vaccins que possible.

Les rares médecins, scientifiques et autres professionnels qui écoutent leur conscience ont généralement trop peur de s'exprimer nommément. C'est compréhensible, car sinon, depuis l'année dernière, ce n'est pas seulement la fin immédiate de la licence ou de la carrière, mais vous êtes également traîné dans la boue et, dans certains cas, même poursuivi en justice et/ou intimidé par le même gouvernement.

On ne sait jamais le vrai nombre de victimes.

Selon une évaluation récente de 500 résidents de maisons de retraite menée par un médecin de Kansas City, 22 personnes âgées sont décédées dans les 48 heures après avoir reçu une injection Pfizer. ' Je ne peux pas prouver que le vaccin les a toutes tuées, mais je peux montrer qu'il les a toutes tuées dans les 48 heures. Ils ne doivent être surveillés que pendant 15 minutes, selon les directives, donc nous ne voyons jamais les vrais chiffres. C'est difficile à prouver si ça arrive après ces 15 minutes... Que Dieu nous aide si la FDA autorise cela.

Un médecin canadien courageux a pris la parole. Le Dr Charles Hoffe a brisé l'interdiction gouvernementale qui lui était faite de parler, en déclarant que "le vaccin Moderna a tué et handicapé des patients".

Le gouvernement n'a jamais été intéressé par le traitement des personnes malades.

Selon M. McCullough, le gouvernement n'était guère intéressé par le traitement des malades (avec des médicaments), mais a rapidement adopté le programme de l'OMS (distanciation sociale uniquement, masques faciaux, confinement, tests et attente des vaccinations).

Il décrit une stratégie en quatre étapes dans son document "Guide pour le traitement à domicile du Covid-19 : A Step-by-Step Doctor's Plan That Could Save Your Life" (décembre 2020), où le pilier le plus important, le traitement et la guérison des patients atteints de Covid-19 avec des médicaments éprouvés et sûrs, a été complètement absent des politiques publiques. Il estime que, de ce fait, des dizaines de milliers de personnes sont mortes inutilement rien qu'aux États-Unis.

L'année dernière, l'universitaire français Christian Perronne, qui a une longue et illustre carrière, a écrit un livre au titre provocateur : "Y a-t-il une erreur qu'ils n'ont pas commise ?" - Covid-19 : Le saint mariage de l'incompétence et de l'hubris". Selon lui, si les patients atteints de corona avaient été traités dès le départ avec du zinc, de l'hydroxychloroquine/quercétine, des vitamines C et D et de l'azithromycine (surtout à titre préventif), il y aurait eu peu de décès et 25 000 Français (80 % du nombre de morts de l'époque) seraient encore en vie aujourd'hui.

Chapitre 23 : L'humanité se réduit

La Terre est encore incroyablement stérile : il y a peu d'indices de civilisation humaine visibles depuis l'espace. - À New York, tous les habitants de la planète tiendront dans des immeubles d'un étage. - "Avoir des enfants devrait en fait être un devoir sociétal", déclare un cadre de Tesla qui se concentre sur la programmation de l'ARN et de l'ADN humains.

Elon Musk, le PDG de Tesla, est connu pour ses déclarations qui contredisent l'image mondialiste du "Nouvel ordre mondial". Dans un récent discours, il a déclaré que notre plus grand défi dans 20 ans sera la sous-population, et non la surpopulation. Nous avons déjà dit que, contrairement à l'idée reçue, la Terre a plus qu'assez de place, de nourriture, d'énergie et de richesses pour faire vivre au moins trois fois plus de personnes dans une existence prospère. Le plus tôt possible. La véritable source de notre plus grande inquiétude est l'élite mondiale du pouvoir, qui fait tout ce qui est imaginable pour éliminer le plus grand nombre de personnes possible en les maintenant dans l'appauvrissement, la maladie, la faim, et donc contrôlables.

Je tiens à souligner que le plus gros problème dans 20 ans sera l'effondrement de la population, pas une explosion. Il donne comme exemple simple quelqu'un qui larguerait au hasard une bombe depuis un avion quelque part sur la terre. Combien de fois frappez-vous

quelqu'un ? En fait, jamais. Toutes sortes de choses tombent sur Terre depuis l'espace en permanence. Des météorites naturelles, de vieilles pièces de fusée, mais personne ne s'inquiète de cela".
Avoir des enfants devrait presque être considéré comme une obligation sociale".

"Tous les habitants de la planète pourraient tenir sur un seul étage à New York. Les autres étages sont inutiles". Selon Musk, nous sommes si peu dispersés dans le monde que nous sommes à peine visibles depuis l'espace. Nous devons nous méfier de l'effondrement de la population. Un faible taux de natalité est un danger majeur. Il prévient qu'en conséquence, notre culture pourrait périr. "Ce serait une conclusion déprimante. L'âge moyen serait extrêmement élevé, et les jeunes seraient obligés de s'occuper des personnes âgées comme des esclaves.

Je crois que, dans une certaine mesure, les gens doivent commencer à considérer le fait d'avoir des enfants comme une obligation civique... Sinon, l'humanité périra. Au sens propre. La richesse, l'éducation et la religion sont toutes inversement liées au taux de natalité. Plus une personne est pieuse, plus elle a d'enfants. Ce sera "comme si quelqu'un avait tué la moitié de la (future) population" dans quelques décennies. Il faut renverser la situation.

Nous devons abandonner les combustibles fossiles aussi rapidement que possible".

Musk est, bien entendu, totalement engagé dans la mission de "durabilité" verte en tant que créateur et producteur de voitures électriques. Il est optimiste à ce sujet, car il estime que la Chine est également en pointe dans ce domaine, puisqu'elle a déjà produit la moitié des véhicules électriques du monde. Il pense que le monde devrait s'éloigner des combustibles fossiles dès que possible et se tourner vers les énergies "durables" que sont le soleil, le vent et l'eau, ainsi que l'énergie nucléaire dans certaines situations.

Le frontman de Tesla affirme que le pétrole, le gaz et le charbon s'épuisent rapidement, mais il oublie que l'on crie depuis près de 50 ans et que l'on découvre constamment de nouvelles réserves qui peuvent fournir à l'humanité une énergie bon marché pendant au moins un autre siècle, et probablement même plusieurs siècles.

Pourquoi existe-t-il des taxes sur le CO2 ?

Il soutient également que la société ne paie pas le prix total des combustibles fossiles et des émissions de CO_2. C'est pourquoi il préconise l'instauration de lourdes taxes mondiales sur le CO_2.

Là encore, il oublie quelque chose d'important, à savoir que sur une échelle de temps géologique, il y a encore extrêmement peu de CO_2 dans l'atmosphère (environ 450 ppm), et ce malgré toutes les émissions humaines de CO2 (ce qui n'est qu'un pourcentage de loin derrière la virgule). En outre, toutes les preuves géologiques montrent que les niveaux de CO2 n'augmentent qu'après l'augmentation des températures, et non l'inverse, comme on l'a prétendu pendant si longtemps. Ce mensonge est entretenu afin de faire accepter à la population des taxes toujours plus élevées et de lui couper son approvisionnement en énergie bon marché.

Même si les besoins énergétiques de l'humanité cessaient d'augmenter, notre planète ne dispose pas d'une surface terrestre suffisante pour construire suffisamment d'éoliennes et de parcs solaires. Sans parler de la charge gigantesque d'acier et de métaux rares qui serait nécessaire, ni du fait que les éoliennes ont une durée de vie extrêmement courte (20 ans maximum, la pratique montre que les premières éoliennes tombent en panne après quelques années seulement. Le nettoyage des éoliennes cassées est également une affaire très coûteuse).

L'ARN et l'ADN synthétiques sont utilisés pour programmer les gens.

Musk est également un fervent partisan de l'ARN et de l'ADN programmables (synthétiques), que les vaccins Covid-19 ont déjà injectés à une énorme partie de la population mondiale. Cela me fait penser à un programme informatique. Si vous le voulez, vous pouvez probablement arrêter et inverser le processus de vieillissement avec ça'.

Nous avons montré que les objectifs réels de la création d'humains "programmables" sont beaucoup plus sinistres et semblent viser principalement un contrôle totalitaire de la population et du comportement, ainsi qu'une réduction massive de la population.

Néanmoins, il est agréable d'entendre pour une fois un cadre supérieur connu qui a une vision positive de l'humanité, ce que l'on ne peut certainement pas dire de la secte climato-vaccinaliste mondialiste dirigée par Klaus Schwab et Bill Gates.

Nos autres livres

Consultez nos autres livres pour découvrir d'autres informations inédites, des faits exposés et des vérités démystifiées, et bien plus encore.

Rejoignez le cercle exclusif des médias de Rebel Press !

Chaque vendredi, vous recevrez dans votre boîte de réception de nouvelles informations sur la réalité non rapportée.

Inscrivez-vous ici dès aujourd'hui :

https://campsite.bio/rebelpressmedia

www.ingramcontent.com/pod-product-compliance
Lightning Source LLC
Chambersburg PA
CBHW071751150726
47998CB00005B/1895